全球价值链与收入分配

——基于全球与中国的经验分析

郝碧榕◎著

中国言实出版社

图书在版编目（CIP）数据

全球价值链与收入分配：基于全球与中国的经验分
析 / 郝碧榕著. -- 北京：中国言实出版社，2023.12
ISBN 978-7-5171-4416-8

Ⅰ.①全… Ⅱ.①郝… Ⅲ.①中国经济—经济发展—
研究 Ⅳ.①F124

中国国家版本馆CIP数据核字（2023）第241869号

全球价值链与收入分配：基于全球与中国的经验分析

责任编辑：张　朕
责任校对：佟贵兆

出版发行：中国言实出版社
　　　　　地　　址：北京市朝阳区北苑路180号加利大厦5号楼105室
　　　　　邮　　编：100101
　　　　　编辑部：北京市海淀区花园路6号院B座6层
　　　　　邮　　编：100088
　　　　　电　　话：010-64924853（总编室）　　010-64924716（发行部）
　　　　　网　　址：www.zgyscbs.cn　　电子邮箱：zgyscbs@263.net

经　　销：新华书店
印　　刷：北京虎彩文化传播有限公司
版　　次：2023年12月第1版　　2023年12月第1次印刷
规　　格：710毫米×1000毫米　　1/16　　13印张
字　　数：146千字

定　　价：58.00元
书　　号：ISBN 978-7-5171-4416-8

序　言

　　近年来全球经济一体化进程不断深化，同时全球不平等问题也日益突出，以美英为代表的发达国家民粹主义右翼势力利用民众不满情绪乘势掀起新一轮逆全球化思潮。这股逆全球化的浪潮让我们思考一直以来的全球化"倡导者"因何转变为"搅局者"？究竟什么因素导致发达国家社会与民众萌发了如此强烈的逆全球化情绪？

　　本书作者基于当前国际经济社会现象，梳理了考察全球化与收入分配格局关系的框架图。并通过严谨的逻辑推断、丰富的实证材料，系统性地剖析了全球价值链如何在国际间、部门间传递技术、分配利润，并最终影响了劳动者的收入和国家收入分配格局。从理论和经验上看全球化确实造成了收入分配效应，然而全球化究竟要为收入不平等负多大责任？本书也通过综合考量和比较影响收入分配的其他重要因素尝试回答了这个问题，证明过度金融化、社会政策、教育机会、税收与再分配政策等因素也都对收入分配问题具有重要的影响。

　　面对一波又一波的逆全球化思潮，值得反思的是，人们是否对全球化抱以太高的期望，未来需要构建何种全球发展框架？长远来看，全球化发展的新趋势呼吁新的全球化模式，它不同于以往以市场为导向的单一模式的全球化，而是以发展为导向、强调包容性增长、兼顾效率与公平的新型全球化。2021 年，习近平主席在第七十六届联合国大会一般性辩论上发表重要讲话，提出全球发展倡议。全球发展倡议有力回应了全球性挑战和广大发展中国家的发展需求，更加凸显多极共治，强调国家不论大小、强弱、贫富一律平等，倡导尊重主权、发展道路与政策空间。中国的崛起也给世界带来巨大机遇与福祉，成为了全球化的"稳定器"。

　　本书的作者郝碧榕具有较好的国际贸易研究功底，也对现实中全球经济现象进行了深入观察。本书是郝碧榕同志读博期间的重要成果，框架结构完整，在论证过程中进行了严谨的理论分析与定量分析，数据资料丰富详实，结论可信。对全球化与收入分配的研究具有启示和借鉴意义。限于篇幅，本书对一些重要经济体的政策分析与实践探讨不足，也有待在政策建议方面进一步完善充实。希望郝碧榕同志在未来的研究中能踔厉奋发、精益求精，在世界经济领域产出更为卓越的成果。

　　盛斌，国家"万人计划"哲学社会科学领军人才、教育部"长江学者"特聘教授，南开大学党委常委、副校长、组织部部长、经济学院院长，南开大学"杰出教授"、博士生导师、中国自由贸易试验区研究中心副主任。

前　言

　　随着科学技术的迅猛发展和贸易成本的大幅下降，全球价值链分工在世界范围内铺陈开来，成为近三十年来全球化最重要的特征。遍布全球的碎片化生产模式成为全球经济增长的重要引擎，也时刻影响着世界上每个主体。然而，如火如荼的全球化进程却在近年来出现了某种程度的逆转，部分国家掀起一轮逆全球化思潮。究其背后原因，收入分配的恶化是这一思潮产生的重要根源。由于全球化是资源在全球范围内实现重新配置的过程，所以必定会对不同要素、主体的收入产生不均等影响，即收入分配效应。那么，研究全球化与收入分配之间的关系如何，尤其是在全球价值链分工模式下，明确两者的关系十分必要。

　　在此背景下，本书试图基于全球价值链分工的视角探索以下几个问题：首先，以碎片化为特征的全球价值链分工作为全球贸易的新形态，是否会影响贸易的收入分配效应？其次，全球价值链分工会在哪些层面产生收入分配效应，造成不同主体间的收入不平等？最后，全球价值链视角下什么样的政策更有利于全球经济朝着包容、共享、共赢的方向发展？为回答以上问题，本书分别基于宏观国家层面、中观产业层面以及微观企业层面，分析全球价值链分工对国家间收入不平等、国家内收入不平等、企业内技能溢价（技能劳动与非技能劳动的工资差距）、行业劳动收入份额的影响并深入分析其内在作用机制，同时利用多个数据库针对各个主题进行实证检验。

本书主要包括七章。第一章是导论，主要介绍本书的研究背景与意义，研究目的、内容、方法以及创新点；第二章是文献综述，主要对与本书密切相关的全球价值链研究、收入分配研究以及全球价值链分工的收入分配效应研究进行综述。第三章至第六章分别基于宏观层面考察全球价值链分工对国家间收入不平等的影响、基于宏观层面考察一国参与全球价值链分工对国内收入不平等的影响、基于中国样本考察中国微观企业嵌入全球价值链对技能溢价的影响、基于跨国跨行业样本考察一国特定部门参与全球价值链分工对劳动收入份额的影响。第七章是对全书的总结和展望，并根据研究结论提出政策建议，最后提出本书未来进一步的研究方向。

本书内容是我近年来在全球价值链、劳动力市场等领域的研究成果。撰写过程得到了导师盛斌教授的悉心指导，在此向老师表达由衷的感谢。盛老师是经济学领域的著名学者，他渊博的学识和谦逊的治学态度，言传身教我们要做踏踏实实的学问人。同时，写作过程中我也得到了多位师友的鼎力支持与协助，他们是天津财经大学耿伟教授、王岚教授，南开大学国际经济研究所李磊教授、毛其淋教授、苏丹妮副教授、中国宏观经济研究院吕云龙副研究员、中国社科院美国研究所孙天昊博士等，感谢我的尊师好友们，是你们的鼓励和帮助，助我克服了许多学术难题。我也特别感谢我的先生杜阳博士，给了我十足的温暖和幸福感。

本书的撰写过程也是我不断学习和探索的过程，随着全球化趋势发生剧烈转变，越来越多的研究也在探索全球化的新模式。博士毕业后，我就职于中国宏观经济研究院对外经济研究所，致力于宏观政策研究。本书的出版也渴望得到各界读者的反馈意见，以期待未来弥补缺陷、不断完善。我将在世界经济领域持续深耕，向读者呈现更多的研究成果。

郝碧榕

2023 年 12 月于北京

○— 目 录

第一章　导言

第一节　研究背景与意义

20世纪80年代以来，伴随着科学技术的迅猛发展和贸易成本的大幅下降[①]，国际分工形成了广泛的分离与整合。生产的全球分离与贸易的全球整合模式日趋深化，形成的全球价值链（Global Value Chains，简称GVC）将世界各国牢牢虹吸，成为经济全球化的重要特征。在全球经济发展历程中，共经历了两次阶段性较为明显的全球化。第一次全球化区间为1870—1914年，在此期间，工业革命的出现为欧洲国家带来了生产率的大大提高，以英美为代表的发达国家将生产的工业品销售至全球各国，形成了"第一次全球化"。1945—2016年，在GATT和世界贸易组织（WTO）的推动下，各国针对贸易事项进行谈判，逐步降低关税及非关税壁垒，形成多边、双边贸易协定，大大降低了各国的贸易成本，促成"第二次全球化"实现。与第一次全球化相比，此次全球化进程中，国际贸易以原材料贸易、中间品贸易

[①] 2007年OECD经济展望的统计显示，2000年的国际海运、空运价格仅为1930年的20%和12%左右，2007年伦敦与纽约跨洋电话的费用仅为1950年的0.29%。

为主要方式，离岸外包、跨国公司与公司内贸易等新型贸易方式兴起，产品生产的可分割性提高，每个阶段的生产环节在不同国家完成，并由跨国公司将最终品销售至全球范围，形成了全球价值链生产、销售模式。据联合国贸易和发展会议（UNCTAD）2013 年报告可知，自 2010 年以来，全球贸易中约有 60% 来自中间商品和服务贸易[①]；Timmer 等（2014）研究表明世界各国出口中，国外附加值占比从 1995 年的 28% 上升为 2008 年的 34%。众多数据表明，各国深度融入全球价值链分工体系，全球价值链模式在全球化进程尤其是国际贸易中扮演十分重要的角色。图 1.1 依据 WIOD 数据库，绘制了世界主要 44 个国家（地区）GVC 参与度的平均值，可以看出除 2008 年金融危机带来冲击外，在 2000—2014 年间，各国（地区）参与全球价值链程度整体呈上升趋势。

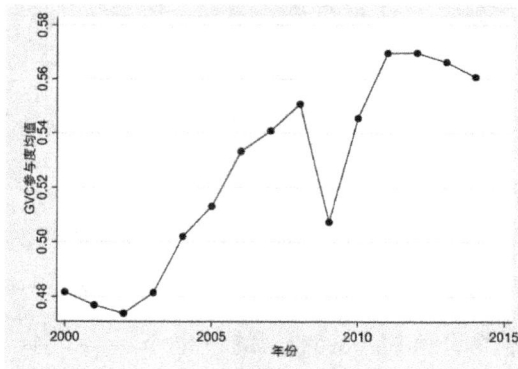

图 1.1　44 个国家（地区）全球价值链参与度的平均值

数据来源：依据 WIOD 数据库测算。

---

① UNCTAD, *World Investment Report 2013*, *Global Value Chains*, *Investment and Trade for Development*.

　　全球经济的发展趋势时刻影响着世界上每个主体。经济全球化在很大程度上优化了资源的全球配置，带来了效率、产值以及就业的大大提升。但是，近年来逆全球化呼声却日益高涨，从美国政府的"美国优先""单边主义""保护主义"蔓延，到英国"脱欧"，再到欧洲右翼势力抬头，尤其是近两年，全球贸易冲突和新冠疫情冲击使渐入高潮的第二次全球化遭受重大挫折（张宇燕，2019）。在2008全球金融危机结束后的十年，世界经济再次站在十字路口，面临新的选择和挑战。那么，既然全球化对效率提升的影响是毋庸置疑的，为何此次全球化的"倡导者"成为"反对者"，其反对的理由是什么？就目前来看，世界部分国家对全球化的质疑源于不争的事实——收入分配格局的恶化引起部分参与者对"公平"的"追求"。全球化往往与收入不平等交织在一起（Helpman，2016），当全球化带来的利益和效率无法平等分配给所有参与者时，低收入者对"公平"的呼声会愈发强烈。尤其是国家内部不同阶层之间的收入不平等程度加剧会引起较为严重的经济问题，甚至会触发政治与社会失衡。

　　收入分配问题涉及众多主体，从国家层面看，利益在不同国家间的分配、在国内不同阶层间的分配是重要组成部分。

　　一方面，利益在不同国家之间的分配将会引起国家间不平等程度的变化，早在工业革命兴起之时，西欧国家成为全球化进程中利益的主要获得者。从1820年到第一次世界大战前夕，英国人均GDP从2000美元上升到5000美元，而中国的人均GDP从600美元下降到550美元，印度人均GDP从600美元上升到700美元，长期的国家间收入不平等使世界经济的主要版图集中于北方国家，直到1960年左右，高收入国家的收入占全球GDP比重仍超过80%。国家间收入不平等程度的提高不利于全球市场的趋同与扩大，会造成高收入国家较高的公民溢价，也会引起低收入国家反对全球化的呼声。

另一方面，人们似乎对国家内部不同阶层之间的收入差距感受更为敏感，因为在同一国家内部的居民更容易感受到不同人群之间的收入差异。2019 年 7 月 4 日，国际劳工组织（International Labor Organization，简称 ILO）发布报告指出，在过去 15 年内，世界各国的高收入者薪酬在国民收入中的比重有所上涨，10% 的高收入群体挣得全球近一半的劳动收入。当大部分全球化带来的收入集中于少部分人群中时，低收入阶层会产生强烈的抗拒，成为逆全球化的主要群体。另外，依据标准化的世界收入不平等数据库（Standardized World Income Inequality Database，简称 SWIID）估计，世界多数重要经济体国内的基尼系数在过去三十多年中呈递增态势。不同阶层之间的收入差距过大会对一国的经济增长、机会不平等、平均寿命造成负面影响（浦美，克里斯托弗·詹克斯，2003），也不利于社会的均衡、稳定发展。

此外，国家内部不同要素的收益分配也是收入分配的重要组成内容。从要素层面分析，收入分配包括收益在劳动与资本要素之间的分配、收益在不同劳动要素之间的分配等。自珍妮纺织机诞生、人类走向工业文明以来，劳资分配问题就开始被予以重视，机器对人的替代可能会引起劳动收入份额的降低，而长期较低的劳动收入份额将会对经济增长、人力资本积累以及消费能力提升产生负面影响（陈登科和陈诗一，2018；钞小静和廉园梅，2019）。随着全球化推动新一代数字经济、人工智能技术快速发展，偏向资本的技术进步将成为新的发展模式，这无疑会对劳动与资本要素收入分配产生新的影响。除此之外，全球价值链分工模式也在重塑劳动要素的需求结构。随着各国人力资本的快速积累，劳动技能水平差异也逐步显现，最终可能会导致不同劳动获得不同收益的现象被进一步放大。当全球化引起不同要素产生较大收入差距时，收入较低的要素主体会对全球化产生反对情绪，也会在国家层面破坏包容性经济增长。

那么，在理论与经验上如何解释全球化对收入分配的影响呢？关于贸易对收入分配影响的探讨已有较为成熟的理论依据，在以最终品为贸易主要承载方式的传统国际贸易理论中，斯托珀—萨缪尔森定理（The Stolper-Samuelson Theorem）得出结论：某一商品相对价格的上升将导致生产该商品时密集使用的生产要素实际价格或报酬提高，而另一种生产要素的实际价格则会下降。在此基础上，将 S-S 定理在 H-O 基础上加以应用，可以得出结论——国际贸易会提高该国丰富要素所有者以及出口部门的实际收入，降低稀缺要素所有者以及进口部门的实际收入，从而产生收入分配的结果。在此基础上，大量文献使用进口渗透率、出口强度等指标考察贸易对全球劳动力市场以及收入分配的影响。

当前，全球价值链分工体系的兴起正在冲击原有的理论分析框架，在全球价值链分工体系中，参与国不再需要完成全部生产环节或拥有生产某种商品的全部比较优势，在市场规模效应的作用下，仅需凭借在特定生产环节的比较优势以及更大的销售市场获得贸易利益。在广阔的"地球村"中，新的贸易方式以及核算体系将会对全球化的收入分配效应结论产生新的影响和改变。Hummles 等（2001）、Koopman 等（2010）、Koopman 等（2014）、Antras 和 Chor（2012）以及 Kee 和 Tang（2016）等分别基于宏观国家、中观产业、微观企业层面构建了全球价值链测算框架，可以更为客观地刻画出不同主体在全球价值链分工中的贡献度或参与度。从全球价值链视角分析，中美贸易顺差将会降低 30%—40%（Koopman 等，2014），中国加工贸易出口中的国外附加值比重超过 50%（Kee 和 Tang，2016）。由此可知，全球价值链测算体系的核算将重新度量一国参与全球化的方式与程度，因而从全新的全球价值链视角分析全球化产生的收入分配效应十分必要。

综上而言，以全球价值链为重要特征的第二次全球化进程正面临严峻挑战，多国以全球化导致不公平贸易、收入分配恶化以及社会分裂为由发出了反全球化的呼声，世界经济自金融危机以来再次站在十字路口。由资本主导的经济全球化虽然带来了巨大财富与效率，但同时也引致了显著的收益与收入分配差异。中间品贸易、资本流动、离岸外包、全球价值链等新型国际生产体系使资本与劳动、技能劳动与非技能劳动、高收入阶层与中低收入阶层、新兴产业与传统产业的收入差异逐步拉大，以至于最终触发国内严重的政治与社会失衡。因此，从全球价值链视角解读收入分配的变化十分必要且重要。然而，目前的文献对该问题的考察缺乏体系化的梳理，也不够充分。

在此背景下，本书试图基于全球价值链分工视角，解读全球化与多层次收入分配的关系，并试图探索以下几个问题：首先，以全球价值链体系为考量的全球化是否会对全球收入分配产生影响？其次，全球价值链分工体系更多体现出国际生产的可分割性，那么，与传统贸易相比，全球价值链分工对收入分配的影响有何不同之处？再次，针对全球化影响收入分配的结论，如何推动世界经济实现包容性增长？

本书的研究意义主要有以下两个方面：

在理论方面，在已有文献提供重要借鉴的基础上，本书将全球价值链和多维度、多主体层面的收入分配指标置于同一框架下，基于价值链分工背景梳理全球化对收入分配产生影响的理论机制，不仅提出相关理论假说，还对其中可能存在的机制及渠道进行分析，从而丰富全球价值链分工模式所产生的经济效应等相关理论。

在现实方面，首先，从国际范围来看，大多数国家已深度融入全球价值链，新型国际生产体系使不同收入阶层、技能劳动与非技能劳动、劳动与资本要素收入比例逐步拉大，以至于触发国内经济、政治与社会失衡。但是资本的逐利性导致全球化虽然受阻，但并不可逆，为了更好地推进全球化，揭开全球价值链分工影响收入分配问题的面纱十分必要。一方面有利于各国正确识别全球化在收入分配过程中扮演的角色；另一方面有助于各国正确选择参与全球价值链的决策。其次，从中国视角来看，在剖析全球化对收入分配产生影响机制的基础上，为了更好地促进全球价值链释放红利，制定合理的国内政策显得尤为重要，那么什么样的国内政策会对改善收入分配有积极作用？对以上问题的回答将有助于客观认识、分析全球价值链的收入分配效应并为国家、企业改善收入分配提供政策启示。

第二节　研究目的、内容与方法

1.2.1 研究目的

本书将从国家层面、产业层面以及企业层面，使用 Eora MRIO 数据库、WIOD 数据库、世界收入不平等数据库、中国工业企业数据库等，考察全球价值链分工对国家间收入不平等、国内收入不平等、不同技能劳动工资差距、劳资收入分配的影响与机制。

具体而言，本书的研究目的主要有以下几个方面：

1. 本书完整地回顾、梳理了现有文献中基于国家层面、产业层面、企业层面的全球价值链的多种测度方式、产生背景及经济学意义。然后再将全球价值链分析框架与劳动力市场结合，从而探讨其影响机制，为本书后续实证研究提供相应的理论基础。

2. 本书分别构建国家间收入不平等、国内收入不平等、高低技能劳动收入不平等、劳动收入份额等指标，并考察全球价值链分工对其产生影响的机制，同时利用 Eora MRIO、世界投入产出数据库（WIOD）、世界收入不平等数据库（WIID）、中国工业企业数据库、海关数据库等展开经验研究，得到全球价值链分工对收入分配产生影响的量化结果，同时对比全球样本以及中国样本的结果，从而可以检验理论分析得出的假说，同时回答本书提出的问题。

3. 分析收入不平等问题时，不仅检验全球价值链单一因素对收入不平等的影响，同时考察其他因素对收入不平等的影响并明确各因素的贡献度。

4. 结合理论分析与经验分析，进一步考察在全球价值链分工产生收入分配效应的情况下，其他政策对收入分配产生的调节作用，不仅可以为理解收入分配产生的条件提供理论与经验依据，同时也为缓解收入分配恶化、促进全球经济实现普惠、包容增长提供相应的政策建议。

1.2.2 研究思路

本书主要逻辑是：选取全球价值链体系中适合本书研究对象的测

度方法，探讨全球价值链分工对国家间收入差距、国内收入差距、国内不同技能劳动要素收入差距、国内劳资分配问题的影响。首先，从宏观层面分析，全球价值链分工引起收入分配的第一层主体为贸易利益在不同国家之间的分配。其次，贸易利益在国家间分配完成后，在国内不同阶层会再次分配，国内不同人群之间的收入水平会拉开差距，因此进一步考察全球价值链分工对国内收入差距的影响。最后，再深入到国内收入不平等组成部分的剖析，本书将分析全球价值链分工对高、低技能劳动要素以及劳动、资本要素间收入分配的影响。图 1.2 绘制了本书的逻辑框架图。

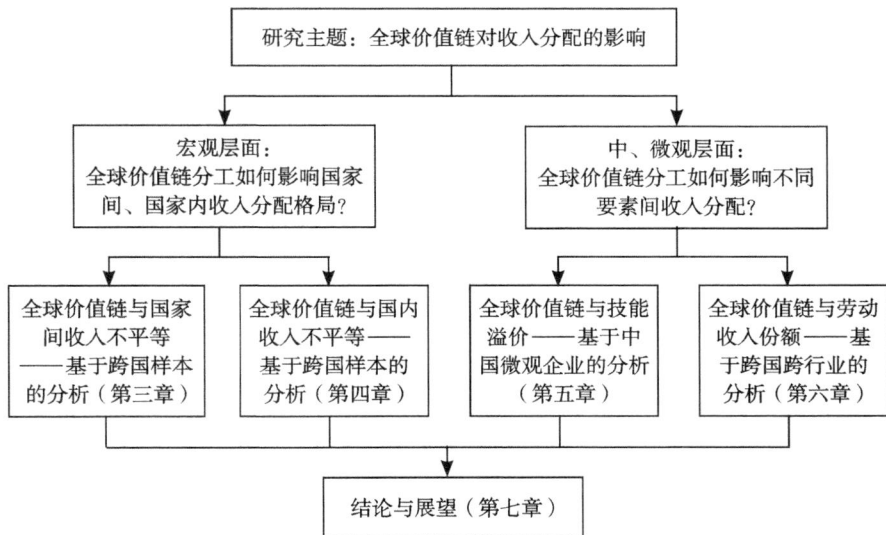

图 1.2 逻辑框架图

1.2.3 研究内容

本书主要包括以下七个章节，具体研究内容如下：

第一章是导言，主要囊括本书的研究背景与研究意义，研究目的、内容与方法以及本书主要的创新点。

第二章是有关全球价值链与收入分配的文献综述。该章内容主要包括：一是对全球价值链测度方法、经济学意义研究的梳理；二是关于收入分配的研究，包括测度方法、经济学意义；三是全球化对收入分配影响的理论与经验研究。

第三章基于跨国经验，分析全球价值链参与度对国家间收入分配的影响。首先基于结构模型框架，分析碎片化生产模式下各环节成本最小化所引起的各国收入水平发生变化的机制，并在此基础上使用 Eora MRIO 数据以及世界银行数据，实证检验全球价值链参与度对国家收入水平的影响以及对国家间收入不平等的影响。对得到的基准结果进行分析，并对结果进行内生性分析、稳健性分析以及异质性分析，探讨全球价值链参与度对不同类型国家的异质性影响。

第四章基于跨国样本，探究全球价值链参与度对国内收入分配的影响。首先分析全球价值链参与度对国内收入不平等产生影响的机制，然后构建相关计量模型，在利用 Eora MRIO 数据库以及世界收入不平等数据库测算各国的全球价值链参与度以及收入不平等程度的基础上进行实证检验，得出基准回归结论并进行稳健性分析。最后，使用 Shapley 分解法对影响国内收入不平等的因素进行分解与贡献度排序，明确全球价值链分工在影响国内收入不平等因素中扮演的角色。

第五章基于中国微观企业数据，研究全球价值链嵌入对技能溢价的影响。首先在企业层面分析中国工业企业嵌入全球价值链影响技能溢价的理论机制并提出假说，然后在理论分析的基础上构建计量模型，利用中国工业企业数据库、中国海关贸易数据库与劳动统计年鉴数据合并数据进行实证检验。将得到的基准结果进行分析，并且对实证结果的内生性、稳健性和异质性进行分析。接着，考察全球价值链嵌入影响技能溢价的机制，最后考察国内政策对技能溢价的影响并在此基础上提出政策启示和思考。

第六章基于跨国跨行业样本，研究全球价值链分工对劳动收入份额的影响。首先在跨国—跨行业层面分析国家—行业参与全球价值链分工对劳动收入份额产生影响的理论机制，然后在理论分析的基础上构建计量模型，利用 WIOD 数据库进行实证检验。将得到的基准结果进行分析，并对实证结果的内生性、稳健性和异质性进行分析，接着考察全球价值链参与度对劳动收入份额产生影响的机制，最后分析中国参与全球价值链分工对劳动收入份额的影响并与国际结论进行比较，得出政策启示与思考。

第七章是对全书的总结和展望。首先对全书结论进行归纳总结，并根据研究结论提出相关政策建议，最后提出本书未来进一步的研究方向。

1.2.4 研究方法

首先，本书采用经济学基本分析方法，将理论分析与实证分析有机结合。在梳理文献的基础上构建本书的研究理论，提出影响机制与待检验假说，然后利用 Eora MRIO 数据库、WIOD 数据库、世界收入不平等数据库以及中国工业企业数据库、海关数据库对文章的假说进行实证检验，理论分析与实证结果相互融合。

其次，本书还使用了对比分析法，根据国家的不同特征、行业的不同特征以及地域的不同特征将样本进行区分，从而得出全球价值链分工影响收入分配的异质性结论，以进一步对本书的理论分析进行验证。

最后，本书综合使用多种计量方法，以保证实证结果的准确性和稳健性。本书最普遍使用的方法是普通最小二乘法与固定效应模型，此外在稳健性与内生性分析中还使用了两阶段最小二乘法、GMM 方法等。在分解国内收入不平等的方程中，本书还使用了 Shapley 分解法。

第三节　研究创新点

本书试图考察全球价值链分工模式对收入分配的影响，其创新点可能包括以下几个方面：

第一，从研究视角来看，本书通过系统探讨全球价值链分工对多主体、多层次收入不平等的影响，加深了对全球价值链分工经济效应的理解。另外，通过考虑全球价值链的碎片化生产模式，本书拓展了全球价值链分工与要素市场相结合的分析框架。

第二，从研究指标看，本书基于最前沿的文献测算了国家、部门、企业的全球价值链参与度、分工地位，估计了不同主体间的收入分配不平等。使用更加细化、包含经济学含义更丰富的指标分析，有利于得出丰富的结论，并提供相应的政策建议。

第三，从研究数据看，本书使用更广泛的样本、最新的数据，得出更具时效性的结论。基于 Eora MRIO 数据库量化一国参与全球价值链的程度，与 WIOD 数据库相比，Eora MRIO 数据时间跨度更长，为 1990—2018 年区间（WIOD 数据库区间为 1995—2014 年）且包含的国家样本量较大（包含全球 189 个经济体，WIOD 数据库包含 44 个经济体）。此外，在基于中国工业企业数据库与海关数据库的分析中，本书也将数据的区间拓展至 2013 年；在基于 WIOD 跨国跨行业的分析中，将时间区间拓展至 2000—2014 年，以期尽可能推进数据的时效性。

第二章　文献综述

近三十年来，全球价值链分工模式日趋纵深发展，成为经济全球化的重要特征，与此同时，日益凸显的收入分配恶化问题却成为全球化更深层次、更广范围推进的掣肘。为明确全球价值链与收入分配的关系，对既有文献进行全面回顾十分必要。本章的文献综述主要分为三部分内容：第一节全面梳理、归纳全球价值链指标的测算及经济学含义；第二节对收入分配研究进行梳理；第三节对全球价值链的收入分配效应的有关文献进行分类与总结；第四节进行文献评述并提出推进思路。

第一节　全球价值链研究

伴随着信息技术的飞速发展与贸易成本的快速下降，全球价值链得以在世界范围内铺陈开来并日益繁荣。在新的分工模式下，不同国家、行业的生产过程相互嵌入、交织，形成了全球生产联动的局面。与全球化同步进行的是日益完善的全球价值链测算体系。同时，在关于全球价值链的研究中，使用合理的指标刻画各参与主体在全球价值链中的特征是首要核心内容。因此，本节将全面梳理当前文献中包含的 GVC 指标体系构建内容，为后文的分析提供文献基础。

2.1.1 基于增加值贸易的 GVC 测度

增加值贸易（Value-added trade）测算是指对贸易总值中所包含的不同来源增加值进行分解。与传统贸易的统计方式相比，增加值贸易测算方式可以避免贸易额的重复计算，可以更准确地厘清增加值的来源国部门，便于在此基础上进行准确的影响因素及经济效应分析。随着 2012 年世界投入产出表（World Input Output Database，WIOD）的发布，增加值贸易框架得以应用，推动全球价值链研究逐步完善。

2.1.1.1 单边国家、国家—行业的全球价值链参与度与地位指标

假设世界上有 G 个国家，每个国家有 N 个行业，形成的非竞争性投入产出表简化模型如表 2.1 所示。本书将先基于国家层面进行表述，国家—行业层面的理论分析框架是完全一致的。

表 2.1 世界投入产出表（非竞争型）模型

		国家 1			...	国家 G			国家 1	...	国家 G	总产出
		行业 1	...	行业 N		行业 1	...	行业 N	最终需求	...	最终需求	
国家 1	行业 1		...				...			...		
	行业 2	国家 1 产出中包含来自国家 1 的投入（I_{11}）				国家 G 产出中包含来自国家 1 的投入（I_{G1}）			国家 1 最终需求中来自国家 1 的部分（Y_{11}）		国家 G 最终需求中来自国家 1 的投入（Y_{G1}）	X_1
	行业 N											
...	...	...	...	...		...	...	...	...		...	...

国家 G	行业 1	国家 1 产出中包含来自国家 G 的出口（I_{1G}）	…	国家 G 产出中包含来自国家 G 的出口（I_{GG}）	国家 1 最终需求中来自国家 G 的部分（Y_{1G}）	…	国家 G 最终需求中来自国家 G 的部分（Y_{GG}）	X_G
	行业 2		…			…		
	…							
	行业 N		…			…		
中间投入合计		I_1		I_G				
增加值合计		V_1		V_G				
总投入		X_1	…	X_G				

在以上的表 2.1 中，数值满足以下关系：

$$I_{11}+...+I_{1G}=I_1 \tag{2.1}$$

$$I_1+V_1=X_1 \tag{2.2}$$

$$I_{11}+...+I_{G1}+Y_{11}+...+Y_{G1}=X_1 \tag{2.3}$$

其中式（2.1）和式（2.2）表明国家 1 的产出中用到的来自所有国家（包含本国）的中间投入之和 I 与增加值 V 加总即为国家 1 的总产出 X；式（2.3）表明国家 1 的总产出中，一部分会用于所有国家（包含本国）的中间品投入，另一部分则用于各国（包含本国）的最终需求。当然，这些关系也适用于任何国家。以式（2.3）为例，可将其一般化表达为：

$$I+Y=AX+Y=X \tag{2.4}$$

即中间品投入 I 与最终需求 Y 之和为总产出 X，而中间投入可以使用投入产出系数矩阵与总产出的乘积 AX 表示。因此，再对式（2.4）进行变形，可得

$$X = (E - A)^{-1} Y = BY \qquad (2.5)$$

其中，B 被称为里昂惕夫逆矩阵，通过该式可以将一国的最终需求进行分解。同理，在增加值贸易的框架下，将总出口进行分解时也可使用类似的方法，形成 VBE 矩阵，如式（2.6）：

$$F = \begin{pmatrix} F^{11} & \cdots & F^{1G} \\ \vdots & \ddots & \vdots \\ F^{G1} & \cdots & F^{GG} \end{pmatrix} = \begin{pmatrix} V_1 & 0 & 0 \\ 0 & \ddots & 0 \\ 0 & 0 & V_G \end{pmatrix} \begin{pmatrix} B^{11} & \cdots & B^{1G} \\ \vdots & \ddots & \vdots \\ B^{G1} & \cdots & B^{GG} \end{pmatrix} \begin{pmatrix} E_1 & 0 & 0 \\ 0 & \ddots & 0 \\ 0 & 0 & E_G \end{pmatrix} \qquad (2.6)$$

其中，F^{rs} 元素为 $N \times N$ 的矩阵，包含的经济学含义为 r 国的出口中包含的来自 s 国的增加值。F^{rs} 中第 i 行 j 列元素的含义为 r 国 i 行业出口中包含的来自 s 国 j 行业的增加值。这里使用表 2.2 描述由式（2.6）计算所得的 F 矩阵，其中，对角线上的元素表示一国出口增加值中包含的本国增加值（Domestic Value Added，DVA），列向量中除去对角元素的和为一国出口增加值中包含的国外增加值（Foreign Value Added，FVA），行向量中除去对角元素的和为别国出口中包含的本国增加值（Domestic indirect Value Added，DIX），即间接增加值。

表 2.2　简化的 VBE 矩阵

	国家 1	国家 2	国家 3	国家 4	⋯	国家 G
国家 1	F^{11}	F^{12}	F^{13}	F^{14}	⋯	F^{1G}
国家 2	F^{21}	F^{21}	F^{21}	F^{21}	⋯	F^{2G}
国家 3	F^{31}	F^{32}	F^{33}	F^{34}	⋯	F^{3G}
国家 4	F^{41}	F^{42}	F^{43}	F^{44}	⋯	F^{4G}
⋯	⋯	⋯	⋯	⋯	⋯	⋯
国家 G	F^{G1}	F^{G2}	F^{G3}	F^{G4}	⋯	F^{GG}

在上述研究的基础上，Koopman 等（2010）构建指标，衡量一国的全球价值链参与度（GVC-participation）与全球价值链地位（GVC-position），具体计算方法为：

$$GVC\text{-}participation = \frac{FVA + DIX}{EX} \tag{2.7}$$

$$GVC\text{-}position = ln(1 + \underbrace{\frac{DIX}{EX}}_{\text{前向参与度}}) - ln(1 + \underbrace{\frac{FVA}{EX}}_{\text{后向参与度}}) \tag{2.8}$$

其中，式（2.7）中的价值链参与度指标衡量的是一国的出口价值中，作为别国中间品的部分以及使用别国中间品之和所占的比重。该指标越大，表明一国参与全球价值链的程度越高。即使两国参与全球价值链的程度相同，其参与方式也可能存在差异，式（2.8）中的全球价值链地位指标则可以度量这一差异。一国提供给别国的中间品价值（DIX）比本国使用别国中间品的价值（FVA）高出越多，即GVC前向参与度高于后向参与度，则该国位于全球价值链中的地位越高；相反，一国使用别国中间品的价值（FVA）大于提供给别国的中间品价值（DIX），即GVC后向参与度高于前向参与度，则该国全球价值链的地位越低。以上分析同样适用于对国家—行业层面的探讨。

2.1.1.2 双边全球价值链嵌入度指标

以上理论刻画了单边主体的全球价值链参与度与全球价值链地位的两个指标，这两个指标的测算可以在国家、国家—行业层面进行。同时，全球价值链参与度指标的测算也可以拓展到双边维度，更直接地考察两个主体之间的相互嵌入程度，以下将详细描述其具体测算方法：

Wang 等（2013）和王直等（2015）以三个国家（s 国、r 国、w 国）、两部门（h 行业、g 行业）情形为例，对双边层面的出口进行了增加值分解。在国家层面的分析中，s 国向 r 国的出口 EX^{rs} 可以分解为：

$$EX^{sr} = A^{sr}X^r + Y^{sr} = \left(V^sB^{ss} + V^rB^{rs} + V^wB^{ws}\right)\left(A^{sr}X^r + Y^{sr}\right)$$

$$= \underbrace{\left(V^sB^{ss}\right)\left(A^{sr}X^r\right)}_{s国出口到r国中间品价值中来自s国的增加值} + \underbrace{\left(V^rB^{rs}\right)\left(A^{sr}X^r\right)}_{s国出口到r国中间品价值中来自r国的增加值} + \underbrace{\left(V^wB^{ws}\right)\left(A^{sr}X^r\right)}_{s国出口到r国中间品价值中来自w国的增加值}$$

$$+ \underbrace{\left(V^sB^{ss}\right)Y^{sr}}_{s国出口到r国中间品价值中来自s国的增加值} + \underbrace{\left(V^rB^{rs}\right)Y^{sr}}_{s国出口到r国中间品价值中来自r国的增加值} + \underbrace{\left(V^wB^{ws}\right)Y^{sr}}_{s国出口到r国中间品价值中来自w国的增加值}$$

（2.9）

即 s 国向 r 国的出口或用于中间品或用于最终品生产，而每部分商品的价值来源有可能来自 s 国、r 国以及第三国。将式（2.9）进一步地拓展到行业层面，满足以下关系：

$$EX^{sr} = \begin{bmatrix} e_g^{sr} \\ e_h^{sr} \end{bmatrix} = \begin{bmatrix} \alpha_{gg}^{sr} & \alpha_{gh}^{sr} \\ \alpha_{hg}^{sr} & \alpha_{hh}^{sr} \end{bmatrix}\begin{bmatrix} x_g^r \\ x_h^r \end{bmatrix} + \begin{bmatrix} y_g^{sr} \\ y_h^{sr} \end{bmatrix} = \begin{bmatrix} v_g^s & v_h^s \end{bmatrix}\begin{bmatrix} b_{gg}^{ss} & b_{gh}^{ss} \\ b_{hg}^{ss} & b_{hh}^{ss} \end{bmatrix}\begin{bmatrix} \alpha_{gg}^{sr} & \alpha_{gh}^{sr} \\ \alpha_{hg}^{sr} & \alpha_{hh}^{sr} \end{bmatrix}\begin{bmatrix} x_g^r \\ x_h^r \end{bmatrix}$$

$$+ \begin{bmatrix} v_g^r & v_h^r \end{bmatrix}\begin{bmatrix} b_{gg}^{rs} & b_{gh}^{rs} \\ b_{hg}^{rs} & b_{hh}^{rs} \end{bmatrix}\begin{bmatrix} \alpha_{gg}^{sr} & \alpha_{gh}^{sr} \\ \alpha_{hg}^{sr} & \alpha_{hh}^{sr} \end{bmatrix}\begin{bmatrix} x_g^r \\ x_h^r \end{bmatrix} + \begin{bmatrix} v_g^w & v_h^w \end{bmatrix}\begin{bmatrix} b_{gg}^{wr} & b_{gh}^{ws} \\ b_{hg}^{ws} & b_{hh}^{ws} \end{bmatrix}\begin{bmatrix} \alpha_{gg}^{sr} & \alpha_{gh}^{sr} \\ \alpha_{hg}^{sr} & \alpha_{hh}^{sr} \end{bmatrix}\begin{bmatrix} x_g^r \\ x_h^r \end{bmatrix}$$

$$+ \begin{bmatrix} v_g^s & v_h^s \end{bmatrix}\begin{bmatrix} b_{gg}^{ss} & b_{gh}^{ss} \\ b_{hg}^{ss} & b_{hh}^{ss} \end{bmatrix}\begin{bmatrix} y_g^{sr} \\ y_h^{sr} \end{bmatrix} + \begin{bmatrix} v_g^r & v_h^r \end{bmatrix}\begin{bmatrix} b_{gg}^{rs} & b_{gh}^{rs} \\ b_{hg}^{rs} & b_{hh}^{rs} \end{bmatrix}\begin{bmatrix} y_g^{sr} \\ y_h^{sr} \end{bmatrix} + \begin{bmatrix} v_g^w & v_h^w \end{bmatrix}\begin{bmatrix} b_{gg}^{wr} & b_{gh}^{ws} \\ b_{hg}^{ws} & b_{hh}^{ws} \end{bmatrix}\begin{bmatrix} y_g^{sr} \\ y_h^{sr} \end{bmatrix}$$

（2.10）

式（2.10）中，e_g^{sr} 和 e_h^{sr} 分别为 s 国 g 行业和 h 行业出口到 r 国的价值；α_{gh}^{sr} 为 s 国 g 行业投入在 r 国 h 行业产出中的比重；x_g^r 和 x_h^r 分别为 r 国 g 行业和 h 行业的总产出；y_g^{sr} 和 y_h^{sr} 分别为 s 国 g 行业和 h 行业出口到 r 国用于最终需求的部分；v_g^s 和 v_h^s 分别为 s 国 g 行业和 h 行业的增加值。b_{gh}^{sr} 为 r 国 h 行业使用 s 国 g 行业的完全消耗系数。

在以上对中间品贸易流完全分解的基础上带入增加值系数，根据出口品的价值来源和最终吸收地，可以将双边出口分解成 16 个增加值和重复计算部分，详情见图 2.1。

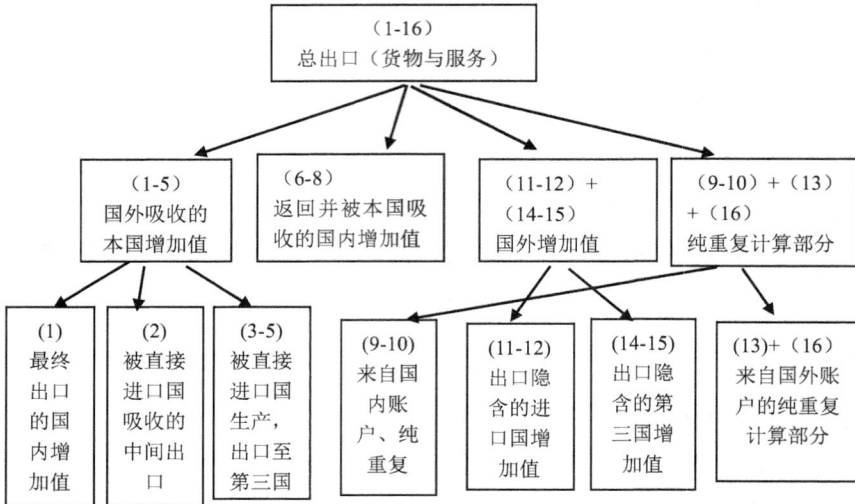

图 2.1 贸易核算法的基本分析框架

基于其中的国外增加值占比部分，与唐宜红等（2018）一致，我们可以构造双边的 GVC 嵌入指数，表示贸易双边联系的紧密程度：

$$GVC\text{-}GVC\text{-}embedding^{sr} = \frac{FVA^r + FVA^s}{\exp ort^s + \exp ort^r} \qquad （2.11）$$

$$GVC\text{-}GVC\text{-}embedding^{sr}_{gh} = \frac{FVA^r_h + FVA^s_g}{\exp ort^s_g + \exp ort^r_h} \qquad （2.12）$$

其中，式（2.11）为 s 国与 r 国的双边 GVC 嵌入度，等号右边表示 s 国出口价值与 r 国出口价值中包含的来自 r 国、s 国的增加值；式（2.12）为 s 国 g 行业与 r 国 h 行业的双边 GVC 嵌入度。该指标值越大，表明双边在全球价值链上的联系越紧密。该指标也已在实证研究中得到广泛应用。如潘文卿等（2015）、唐宜红等（2018）、唐宜红和张鹏杨（2020）使用该指标分别考察了全球价值链嵌入与全球经济周期的联动性以及全球价值链分工对贸易保护的抑制效应。

2.1.1.3 企业层面 GVC 参与度的测算

随着中国企业层面海关贸易数据的可获得，基于微观层面估计企业的全球价值链嵌入度得以实现。与国家、部门层面测算价值链嵌入度的概念和方法相似，也可以使用企业出口价值中的国外附加值占比衡量企业的 *GVC* 参与度。对于企业 *GVC* 参与度的测算，主要经历了以下三步推进：

（1）考虑加工贸易与一般贸易的差异

借鉴 Upward 等（2013）的方法，假设所有进口品均用于中间投入，其中加工贸易进口全部用于出口品生产，一般贸易进口部分按比例用于国内销售品生产和出口品生产，基于此计算企业出口国外附加值率，即全球价值链嵌入度 *gvc*1 为：

$$gvc1 = \frac{M^p + M^o \dfrac{X^o}{D + X^o}}{X} \tag{2.13}$$

其中，*M*、*X* 和 *D* 分别表示进口、出口及国内销售。上标 *p* 和 *o* 分别表示加工贸易和一般贸易。

（2）识别企业进口中间品

在式（2.13）的基础上，计算一般贸易进口额时，只计入 BEC 分类下的中间品。在具体操作中，将海关贸易数据库的 HS 编码与 BEC 编码进行匹配后，按照 BEC 分类，计算一般贸易进口值时，只对中间品进行加总，不再包含消费品和资本品，测算得到全球价值链嵌入度 *gvc*2 为：

$$gvc2 = \frac{M^p + M_m^o \dfrac{X^o}{D + X^o}}{X} \qquad (2.14)$$

其中，下标 m 表示 BEC 分类下的中间品进口，不包括消费品和资本品，其余项含义与式（2.13）完全一致。

（3）处理贸易代理商问题

依据 Ahn 等（2011）与 Kee 和 Tang（2016），结合中国实际情况，计算各行业通过贸易代理商进口占总进口的比重 share，根据公式计算出企业的实际进口额。M^T 表示企业中间投入额，并假定企业的国内中间投入中包含 5% 的国外附加值，基于此，测算得到全球价值链嵌入度 $gvc3$ 为：

$$gvc3 = \frac{M_A^p + M_{Am}^o \dfrac{X^o}{D + X^o} + 0.05(M^T - M_A^p - M_{Am}^o)}{X} \qquad (2.15)$$

上述三种测度企业 GVC 嵌入度的方法逐步改善了对国外附加值的度量，其中式（2.15）的结果更为准确。目前已有大量文献基于式（2.15）的计算分析了中国企业嵌入全球价值链的经济效应（如吕越等，2017；李磊等，2018）。

2.1.2 产品生产视角下的 GVC 测度

基于产品生产视角下的全球价值链测度体系是以产品的生产为依据，按照其生产产品的用途分解。这一研究视角是由 Wang 等（2017a）首次提出的。

首先，按照产出的四类去向，Wang 等（2017a）将产出的增加值分解为 4 部分：

$$VBY = \underbrace{VLY^D}_{(1)\text{本国生产本国消费的增加值}} + \underbrace{VLY^F}_{(2)\text{包含在最终品进出口中的增加值}} + \underbrace{VLA^F BY}_{(3)\text{包含在中间品进出口中的增加值}}$$

$$= VLY^D + VLY^F + \underbrace{VLA^F LY^D}_{(3a)\text{简单}GVC(\text{跨境次数为1})} + \underbrace{VLA^F(BY - LY^D)}_{(3b)\text{复杂}GVC(\text{跨境次数大于1})}$$

（2.16）

其中，VBY 矩阵的每个元素代表了一国（部门）产出中直接或间接使用的来自其他国家的增加值，其中的元素的含义为 r 国 j 行业的最终产品产出中包含来自 s 国 i 行业的全部增加值（包括直接增加值与间接增加值）。将其分解为：第（1）部分为本国消费中用到的本国增加值，第（2）部分为包含在最终出口中生产的增加值，第（3）部分为包含在中间品进出口中的增加值，即参与 GVC 生产的部分；其中第（3）部分又可按照中间品的跨境次数，将其分为简单 GVC 贸易增加值与复杂 GVC 贸易的增加值。

此外，将式（2.16）在行的方向进行加总，其增加值分解为：

$$Va' = VLY^D + VLY^F + \underbrace{\underbrace{VLA^F LY^D}_{\text{简单}GVC} + \underbrace{VLA^F(BY - LY^D)}_{\text{复杂}GVC}}_{GVC}$$

（2.17）

将式（2.16）加总至列方向对最终品产出进行分解，可得：

$$Y' = VLY^D + VLY^F + \underbrace{\underbrace{VLA^F LY^D}_{\text{简单}GVC} + \underbrace{VLA^F(BY - LY^D)}_{\text{复杂}GVC}}_{GVC}$$

（2.18）

依照式（2.17）和式（2.18）两个分解公式，我们可以确定一个国家—部门参与全球价值链生产主要是通过简单 GVC 和复杂 GVC 两种途径。可将组成部分可视化为图 2.2。

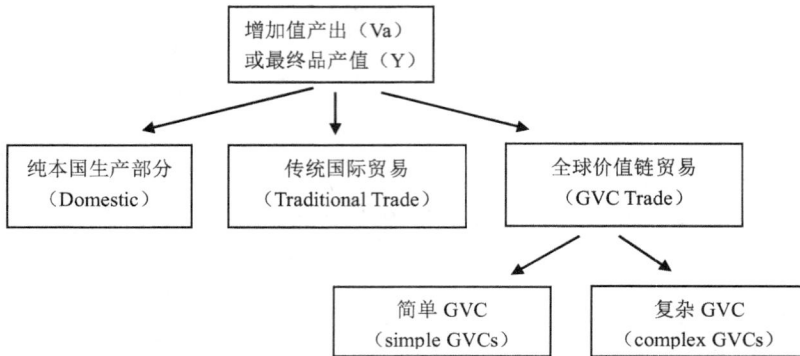

图 2.2　GVC 生产活动分解图

　　与之对应，该文也构建了新的一国（部门）参与全球价值链分工的指标体系。第一个指标为 GVC 前向参与度，用于衡量一国（部门）向下游部门提供的中间品占自身增加值的份额。由只跨越一次边境的简单 GVC 生产与穿越多次边境的复杂 GVC 生产之和除以本国（部门）的增加值得到，可以表达为：

$$GVCt\_f = \frac{V\_GVC}{Va'} = \frac{V\_GVC\_S}{Va'} + \frac{V\_GVC\_C}{Va'} \qquad (2.19)$$

　　该指标数值越大，表明其在全球价值链生产中扮演更重要的中间品提供者角色。

　　第二个指标为 GVC 后向参与度，用于衡量一国（部门）上游企业参与 GVC 获得的增加值占该国（部门）总产值的份额。可以表达为：

$$GVCt\_b = \frac{V\_GVC}{Y'} = \frac{V\_GVC\_S}{Y'} + \frac{V\_GVC\_C}{Y'} \qquad (2.20)$$

　　该指标数值越大，表明其在全球价值链生产中扮演更重要的中间品需求者角色。值得说明的是，GVC 前、后项参与度均可以在双边和单边层面进行测算。同时，全球价值链生产中前向参与（增加值／行业 GDP 生产）和后向参与（最终品生产分解）的相对大小也表明了一国（部门）在全球生产网络中的位置，如果前向参与大于后向参与的程度，即该主体对中间品的相对供给大于相对需求，则其在 GVC 中的位置相对接近上游；相反，如果该主体对中间品的相对供给小于相对需求，则其在 GVC 中的位置相对接近下游。基于此，Wang 等（2017b）通过实证也发现，一国的 GVC 生产参与度与其经济增长有显著的正相关关系。

2.1.3 产品生产步长及上、下游指标测度

随着贸易成本的降低，全球价值链分工下产品的生产过程逐步细化。针对生产长度测度体系，Fally（2012）首次提出了"与最终需求的距离"与"上游度"两个概念。例如，使用生产距离最终需求的平均阶段数，产品生产的步骤数或下游度量化了特定部门在产品生产链条中的位置。这两个概念在 Antras 等（2012）、Antras 和 Chor（2013）的研究中分别被进一步深入讨论。可使用如下表达式进行测度：

$$U_i = 1 \times \frac{F_i}{Y_i} + 2 \times \frac{\sum_{j=1}^{N} \mu_{ij} F_j}{Y_i} + 3 \times \frac{\sum_{j=1}^{N} \sum_{k=1}^{N} \mu_{ik} \mu_{kj} F_j}{Y_j} + 4 \times \frac{\sum_{j=1}^{N} \sum_{k=1}^{N} \sum_{l=1}^{N} \mu_{il} \mu_{lk} \mu_{kj} F_j}{Y_j} + \cdots$$

$$（2.21）$$

该指标值越大，表明该行业的生产投入位置越接近生产端、远离消费端。基于这一方法对全球价值链的测算也被广泛应用，考察其经济效应和影响因素。如鞠建东和余心玎（2014）、耿伟和郝碧榕（2018）、苏庆义和高凌云（2015）。

然而，对这一指标的测度中，将生产起点定义为某个行业终点的

假设受到了 Wang 等（2017b）的质疑，该文认为计入其他行业生产起点的不应是某个行业的终点，而是某行业的要素投入。因此，在 Wang 等（2017a）的框架下，Wang 等（2017b）将生产过程中初始投入品的增加值被计入最终产品总产出的平均次数定义为生产长度，并将某一部门的前向或后向部门进行加总，分别得到生产长度：

$$PLv\_GVC = \underbrace{PLv\_GVC\_S}_{\text{简单 } GVC} + \underbrace{PLv\_GVC\_C}_{\text{复杂 } GVC} = \frac{Xv\_GVC\_S}{V\_GVC\_S} + \frac{Xv\_GVC\_C}{V\_GVC\_C} = \frac{Xv\_GVC}{V\_GVC}$$

（2.22）

$$PLy\_GVC = \underbrace{PLy\_GVC\_S}_{\text{简单 } GVC} + \underbrace{PLy\_GVC\_C}_{\text{复杂 } GVC} = \frac{Xy\_GVC\_S}{Y\_GVC\_S} + \frac{Xy\_GVC\_C}{Y\_GVC\_C} = \frac{Xy\_GVC}{Y\_GVC}$$

（2.23）

式（2.22）表示前向联系的生产长度，是基于前向的简单生产长度和复杂生产长度的加总。该指标越大，说明一国特定部门投入其他国家最终品过程经历的生产长度越长，越位于全球价值链的上游；式（2.23）中的数值越大，表明从国外进口初始投入本国特定部门的生产长度越长。这两个指标的计算也可以从单边或双边主体进行计算。

在此基础上可以计算一国特定部门参与全球价值链的位置为：

$$GVC\_up = \frac{PLv\_GVC}{[PLy\_GVC]}$$

（2.24）

该指标综合了上游度和下游度的概念，可以有效克服 Fally（2012）和 Antras 等（2012）中上、下游度反映位置次序不一致的问题。但以上两种衡量生产步长的方法所包含的经济学含义是相似的，多数研究认为生产长度越长的产业技术复杂度越高（如 Kidder 和 Dollar，2018），因此往往下游度越高的国家经济发展水平也越高（苏庆义和高凌云，2015；Costinot 等，2012）。

2.1.4　全球价值链测度主要使用的数据库介绍

本节主要介绍测度全球价值链时常用的数据库以及样本。测算国家、国家—行业层面全球价值链指标体系时，常用的数据库包括：世界投入产出数据库（WIOD）、Eora MRIO 数据库、ADB-MRIO 数据库以及 OECD 数据库。这几个数据库在所涵盖的国家或地区数目、产业部门数、时间跨度等方面具有不同的特征，具体内容如表 2.3 所示，因此，在相关文献的研究中可依据数据特征选择适合的数据库。

基于中国企业层面测算全球价值链分工指标时，常用的数据库主要是中国工业企业数据库以及中国海关数据库。前者包含中国全部国有企业以及规模以上非国有企业样本，现有数据时间区间为 1998—2013 年；后者包含企业层面的详细进出口数据，最新数据已更新至 2020 年。

表 2.3　测算全球价值链指标常用数据库内容

投入产出表	国家或地区	部门	时间区间
WIOD-2013	40	35	1995—2011 年
WIOD-2016	43	56	2000—2014 年
Eora MRIO	189	26	1990—2018 年
OECD-Tiva-2017	64	34	1995—2014 年
ADB-MRIO2017	61	35	2011—2016 年

资料来源：依据文献整理。

2.1.5　GVC 指标体系汇总

综上，全球价值链体系发展至今已有较为多元、全面的测度体系，我们按照测度指标、维度将以上指标进行分类，并绘制表 2.4。

表 2.4   全球价值链指标体系

	指标	测算维度	核心参考文献	公式	单边/双边	样本
基于增加值贸易的GVC测度	GVC 参与度	国家国家—行业	Koopman 等（2010）	（2.7）	单边	WIOD、MRIO、Tiva WIOD、MRIO、Tiva
	GVC 地位	国家国家—行业	Koopman 等（2010）	（2.8）	单边	WIOD、MRIO、Tiva WIOD、MRIO、Tiva
	GVC 嵌入度	国家对国家—行业对	Wang 等（2013）王直等（2015）	（2.11）（2.12）	双边	WIOD、MRIO、Tiva WIOD、MRIO、Tiva
	GVC 嵌入度	企业	Upward（2013）Kee 和 Tang（2016）	（2.15）	单边	中国工业企业数据库、海关数据库
产品生产视角下的GVC测度	GVC 前、后向参与度	国家国家—行业	Wang 等（2017a）	（2.19）	单边	WIOD、MRIO、Tiva WIOD、MRIO、Tiva
	GVC 前、后向参与度	国家对国家—行业对	Wang 等（2017a）	（2.20）	双边	WIOD、MRIO、Tiva WIOD、MRIO、Tiva
产品生产步长及上、下游指标测度	生产长度	国家—行业	Fally（2012）	（2.21）	单边	WIOD、MRIO、Tiva
	GVC 位置	国家—行业	Antras（2012）	（2.21）	单边	WIOD、MRIO、Tiva
	GVC 前、后向关联生产长度	国家国家—行业	Wang 等（2017b）	（2.22）（2.23）	单边	WIOD、MRIO、Tiva
	GVC 前、后向关联生产长度	国家对国家行业对	Wang 等（2017b）	（2.22）（2.23）	双边	WIOD、MRIO、Tiva
	GVC 位置	国家—行业	Wang 等（2017b）	（2.24）	单边	WIOD、MRIO、Tiva

资料来源：根据文献整理。

以上梳理了现有主流文献中对全球价值链的全部测算方法以及每种测算方法包含的经济学含义、可应用的研究层面以及数据库。基于测算方法，后文的研究将结合理论分析与研究主题，从中选取适合的度量指标进行探讨。

第二节 收入分配研究

收入分配是将所获收益按照一定原则进行分配的过程。按照不同的维度，收入分配可以分为收入在不同"主体"间的分配与收入在不同"要素"间的分配。托马斯·皮凯蒂（1997）在《不平等经济学》一书中体系化分析了"三重不平等"的衡量、演变与再分配工具。其中的"三重不平等"分别为：第一，劳动与资本收入不平等；第二，劳动收入不平等；第三，工资不平等。其中第一类是"要素"分配的不平等，第二类是"主体"分配的不平等，第三类则同时涉及两类不平等。在劳动经济学研究中，已有大量文献就上述三类文献展开广泛研究，本节将对相关文献进行梳理，提出收入不平等、技能工资不平等、劳动资本要素收益不平等三类不平等的经济含义、经济效应以及测算方法。

2.2.1 收入不平等

2.2.1.1 收入不平等的度量

理解外在因素对收入分配的影响，需要对收入分配的度量有完整的描述。关于收入不平等的度量方法既有文献已有较多涉及，包括从简单到复杂、从图形到数学的方法，其中常用方法主要包括：

1. 洛伦兹曲线（Lorenz curve）

洛伦兹曲线是对收入不平等的较为简单的一种表示。在坐标轴中，横轴表示最贫穷到最富有的个人或家庭排名累计数量，竖轴表示总收入的累计百分比。洛伦兹曲线揭示了横轴对应位置群体所拥有的收入百分比，在绝对公平的情况下，这条线为45度线，洛伦兹曲线距离45度线越远，其收入分配越不均等。如图2.3所示，斜线部分面积越大，表明收入不平等程度越高。

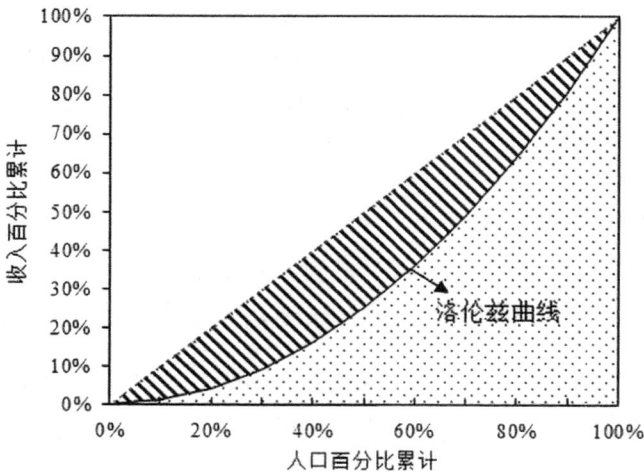

图2.3　洛伦兹曲线

2. 收入不平等指数类指标

（1）基尼系数（gini index）

基尼系数是应用最广泛的不平等衡量标准，它衡量的是经济体偏离绝对公平的程度，是洛伦兹曲线和45度线之间的面积与45度线下方的面积之比。基尼系数越大，洛伦兹曲线与45度线之间的距离越远，收入不平等程度越高。而基尼系数的缺点是不易分解为不同组别之间的差异。

（2）Atkinson 指数

Atkinson 指数是基于福利不平等的衡量方式，表达了社会为了使公民之间拥有更平等收入份额而必须放弃的总收入比重。这一度量方法取决于社会对收入不平等的厌恶程度，指标的数值越大，表明个人愿意接受较小的收入换取更平等的分配。Atkinson 指数可以分解为组内与组间不平等，较多适用于对政策福利的研究。

（3）泰尔指数（theil index）

泰尔指数衡量了数值变动与零值的差异，泰尔指数越大，表明数值内的不平等程度越高。这一指标的最大优点是其可分解性，即可以将整体的不平等通过人群的分组分解为组间不平等与组内不平等，这对政策的实施与考量有重要的借鉴意义。

3. 收入不平等比值类指标

（1）分位数分散比（decile dispersion ratio）

该指标的含义为最富裕的 x% 人群收入是最贫穷的 x% 人群收入的多少倍，表达了一国最富有人群与最贫穷人群的收入差距，常用的比值为最富有的 10% 人群与最贫穷的 10% 人群的收入比。这一比值越高，收入不平等程度越高，但这一指标不易度量中间群体的收入情况，且容易受到极端值的影响。与此类似，世界发展数据（United Nations Development Program）中使用前后 20% 的人群收入比值衡量一国收入不平等程度。

（2）Palma 比率

使用一国前 10% 收入群体的收入与后 40% 收入群体的收入比值表示，这样表示是因为已有研究表明，一国收入不平等是由于两端值变化引起的。因此，用两端人群收入的变化可以衡量出中等收入群体的比重（Cobham，2015）。

2.2.1.2 收入不平等的经济学含义

依照上一小节的分析，我们对收入不平等的测度方法有了大致的了解，在分析中要依据所研究的对象选取合理的指标。例如，按照泰尔指数的定义，认为整体样本的不平等应该是"组间"与"组内"不平等的加总，那么，全球不平等水平可以表达为国家间不平等水平（组间不平等）与国家内部收入不平等水平（组内不平等）之和。因此，要度量全球不平等，需要同时考虑国家间不平等水平与国家内部收入不平等水平。同理，国内收入不平等水平可以再次分解为不同组别的组间和组内不平等，比如可以将国内不平等分解为行业间和行业内收入不平等的加总、城乡间和城乡内收入不平等的加总。

国家间收入不平等度量了在世界范围内不同国家经济发展水平的差异，基于国家收入水平的差异，国际货币基金组织将世界上的国家分为发达国家与发展中国家，世界银行将国家分为高收入国家、中高收入国家、中低收入国家与低收入国家。国家间收入水平差异程度越高，表明世界经济体的发展越失衡，相反，国家间收入水平差异程度越低，表明世界各经济体的发展越趋同。各国较为一致的收入水平有利于全球经济更加积极、稳妥的发展，有利于扩大全球消费市场，形成更加包容、平衡、共赢的世界经济体系（李建伟和王勇，2017）。

与国家间收入不平等相比，由于经济政策的制定与运用大多集中在一国之内，政府以及学者对国内收入不平等的关注度更高。按照库兹涅茨周期理论，经济增长过程会引起收入不平等的发生，收入水平较低时，社会的收入不平等水平也较低，而随着经济的增长，社会的不平等水平逐渐上升，但是达到某个峰值后，社会的不平等水平会再次下降。较高的国内收入不平等水平会对经济与社会发展产生诸多不利影响：首先，不利于经济高质量发展。当经济体中较高比重的收入仅由少部分人群分享时，多数低收入群体消费水平难以实现提升，对经济增长贡献度较低，也会破坏经济的包容性增长。长此以往，甚至会引起不同人群之间的机会不平等，并对经济发展产生结构性影响；其次，对社会发展会产生不利影响。较高的收入不平等水平以及不平衡发展会使低收入群体产生不满情绪，最终对社会发展以及政治问题产生不良影响。

对以上两种收入不平等的测度方法，本书将结合数据的可获得性与指标的特点，使用国家间人均收入的泰尔指数衡量国家间收入不平等，使用国家内部人群收入的基尼系数衡量国内收入不平等。数据来源包括：世界银行数据库、世界收入不平等数据库（World Income Inequality Database，WIID）等。

2.2.2　工资不平等与技能溢价

工资是劳动收入的最主要来源。基于中国家庭收入调查（CHIP）数据的分析显示，2002 年、2007 年、2013 年我国居民的工资性收入在家庭总收入中的占比分别为 64%、62% 和 56%，意味着工资仍然是居民收入的重要来源。因此，深入挖掘工资不平等的成因是理解收入不平等成因的关键组成部分。

工资不平等度量的是微观个体间工资的差异，主要包括企业内不同技能劳动的工资差距（技能溢价）、企业间平均工资差距、不同性别劳动工资差距等。按照本节对不平等分类的维度来看，技能溢价可以理解为不同技能劳动要素间的工资差距，即要素间收入分配；企业间工资差距与不同性别劳动工资差距则是不同主体间的工资不平等。

关于技能溢价的测算，Egger 和 Kreickemeier（2009）提出了公平工资模型的思想，可使用技能劳动与非技能劳动工资比值进行计算，比值越高，意味着技能要素为技能劳动带来了更高的工资溢价。当技能溢价处于某一区间时，不同劳动会通过努力，获得较高的生产率与工资水平，而当这一比值超过某一数值甚至包含非技能因素之外的其他因素例如垄断势力引起的技能溢价时，低技能劳动会产生强烈的抵抗情绪。

关于企业间工资不平等的测算，可以使用同一行业内多数企业工资的标准差（如刘灿雷和王永进，2018）、泰尔指数（周申和海鹏，2020）、离散度等指标进行衡量。衡量性别工资差距时可使用不同性别的平均工资水平比值表示。

2.2.3 要素收益不平等

按照经济学理论，生产要素可以分为资本、劳动、土地与企业家才能。收入在不同要素间的分配会引起要素收益不平等。以资本、劳动要素收益分配为例，自珍妮纺织机诞生以来，尤其从马克思的研究开始，资本与劳动要素之间的收益不平等在很长一段时间内被作为衡量社会不平等的重要指标。资本的收入占比越高，意味着拥有资本的主体越富裕，而依靠劳动获得收入的主体就越贫穷。因此，可以使用劳动收入份额作为度量劳动、资本要素收益不平等的指标，考察收入在不同要素间的分配。

劳动收入份额是企业支付给劳动要素的收益占总增加值（所有要素收益）的比重。劳动收入份额是经济活动中收益分配的结果，同时也会对经济增长反向发挥作用。已有研究表明，较低水平的劳动收入份额会对社会与经济发展产生诸多不利影响，包括：首先，抑制人力资本发展。过低的劳动收入份额会降低人们对接受教育的预期收益，间接导致劳动者接受更少的教育，进而对社会人力资本的优化产生负面影响，长期来看不利于经济增长（钞小静和廉园梅，2019）；其次，加剧社会不平等。过低的劳动收入份额会进一步加剧劳动要素拥有者与其他要素拥有者的收入差距，进而恶化社会收入分配格局；再次，削弱社会消费能力。劳动要素的边际消费倾向往往大于资本要素，因此，过低的劳动收入份额会降低社会消费能力（陈登科和陈诗一，2018）。明确劳动收入份额的影响因素并以此找到提升劳动收入份额的影响因素十分必要。

该指标的测算可以在企业、行业、国家层面进行度量。在企业层面的测算中，使用企业层面劳动要素的收入（包括工资收入、福利以及补贴）占企业总增加值的比重可以得出；在国家及行业层面的测算中，可以基于宏观数据，使用劳动要素收入占总增加值比重计算，或者可以使用微观企业层面数据按照增加值加权计算获得，就本书而言，WIOD 公布的 SEA 数据库适用于第一种方法，使用工业企业数据库测算中国行业层面的劳动收入份额适用于第二种方法。

2.2.4 收入分配指标的比较

基于本节分析绘制表 2.5，将收入分配指标的内容、测度方法以及数据来源进行归纳和梳理。

表2.5　收入分配指标及说明

	指标	分配主体	公式	数据来源
要素分配	劳动收入份额	企业、中国行业	劳动收入/增加值	中国工业企业数据库
		国家、国家—行业	劳动报酬/总产出	WIOD-SEA
	技能溢价	企业、行业	高技能劳动工资/低技能劳动工资	中国工业企业数据库
主体分配	收入不平等	国家间	人均GDP的Theil指数	世界银行数据库
		国家内国家—行业内	Gini、Theil、90/10 等不同技能劳动单位时间工资比	WIID、SWIID WIOD-SEA
		国家—行业间	1.总产出/总参与人数=人均收入 2.计算人均收入的Theil指数	WIOD-SEA
		个体间	个人收入的Theil指数	CHIP、UHS调查数据等
	工资不平等	个体间	性别工资差距	中国工业企业数据库
		企业间	企业平均工资的Theil指数等	中国工业企业数据库

资料来源：根据文献整理。

第三节　全球价值链对收入分配影响的研究

全球价值链分工模式在促进资源重新配置的过程中引起了参与国对不同类型要素结构需求的变化，进而产生了收入分配效应。本节将对已有文献中提及的全球化对收入分配影响的研究进行梳理。

2.3.1 全球价值链对国家间收入不平等的影响

依照泰尔指数的定义，众多个体的不平等通过分组之后可以分为组间不平等与组内不平等。就本节而言，全球不平等在国家层面可以分为国家间收入不平等与国内收入不平等。

关于全球化对国家间收入不平等的影响，已有文献基于传统国际贸易方式提出了不同理论，按照研究结论的不同，可以将其分为两类：第一类文献认为全球化会导致各国收入水平的收敛，例如新古典增长理论认为国际资本流动将导致各国收入水平与生产率的收敛。在文献中，Freeman（1995）基于认为发达国家与发展中国家之间进行贸易，会导致在可贸易行业中低技能劳动要素流动性加强，进而出现两类国家低技能劳动要素收入趋同的现象。而第二类文献认为全球化会导致各国收入水平的发散，例如内生经济增长理论以及依赖理论均认为在经济全球化过程中，技术创新对发达国家的回报更高，发展中国家则获利较少，最终会带来收入的发散而非收敛（Wade，2001）。万广华等（2008）使用1995—2004年跨国数据实证检验也表明使用外贸依存度与FDI度量全球化时，全球化会对国家间收入不平等有正向促进作用。

然而，以上两类文献不论结果如何，其度量全球化时均基于传统国际贸易理论，那么随着全球价值链的碎片化生产模式将各国生产实现整合，是否会冲击原有的贸易理论？已有文献也为我们提供了相似的思路，部分文献认为全球价值链分工将促进参与国的经济协同发展，实现经济周期、收入与产出的协同（Ng，2010；潘文卿等，2015；唐宜红等，2018；唐宜红和张鹏杨，2020）。那么，是否在经济协同发展的同时，各国的经济发展趋势会更加相似，使不同国家获得更一致的收入水平，从而导致全球收入水平的趋同，这些文献为本书的研究提供了思路。

2.3.2 全球价值链对国内收入不平等的影响

全球不平等分为国家间不平等与国内不平等，在上一节分析国家间收入不平等后，本节将综述全球化影响国内收入不平等的文献。在国内收入不平等中，包含不同技能劳动之间的差异，也包括经营主体之间的差异，且后者在逐步发挥更重要的作用（Song 等，2018；Alvarez 等，2018）。关于全球化对国内收入不平等的文献分析可以从以下两个维度进行。

关于全球化对不同劳动之间收入差异的文献研究中，已有学者得出了较为一致的结论，即认为贸易会对扩大不同类型劳动之间的差异，并随着时间不断增大，这一经济现象在高收入国家中更加显著。例如Feenstra 和 Hanson（1996）使用美国数据研究表明，离岸外包活动引起美国对技能劳动需求的增加并带来收入不平等，且这一影响会随着时间的推移更加显著。基于这篇文献的研究，越来越多的学者通过使用更广泛的指标以及样本考察不同国家收入不平等受开放程度的影响。多数文献得出的结论是较为一致的，即由于贸易和全球化生产在提高生产率的同时大大提高了对技能劳动的需求，因此引致有偏技术进步的同时对一国不同技能劳动的需求存在差异，例如 Burstein 和 Vogel（2010）使用美国数据、Hummels 等（2010）使用丹麦数据、Beaulieu和 Dehejia（2007）使用加拿大数据、Baumgarten（2013）使用德国数据均得出了全球化会扩大技能溢价的结论。这部分技能溢价是收入不平等的构成部分，当其加总至中观层面时，会表现为地区间收入不平等、行业间收入不平等以及国内整体收入不平等部分。事实上，这类文献与下一节中关于全球化对技能溢价影响文献也较为相关。

但不同于仅仅对技能溢价的影响，贸易以及全球化影响国内收入差距还包括对资源重新配置的作用。根据 Melitz（2003）揭示的新贸易理论可以得知，贸易自由化会导致产业竞争加强以及企业的优胜劣汰，在"丛林法则"下，生产率较高的企业规模扩大，生产率超过某一临界值的企业可以进行出口；而生产率低的企业规模缩小甚至退出市场。因此，在市场力量的推动下企业规模分布会发生变化（盛斌和毛其淋，2015；章韬和孙楚仁，2012）。大规模企业为了实现高效率，往往会雇用更多的高技能劳动，使用技术密集度更高的生产要素并为其使用的劳动、资本要素支付更高的要素价格，即实现企业的规模溢价（Brown 等，1989；Brath，2021），导致头部集中的过程，较少的群体拥有了较多的收入。

在以上两种机制的共同作用下，形成了国内不平等，即国内收入不平等为企业内不同劳动收入水平的差异与不同企业间收入水平的差异之和。按照研究结论的不同，可以将相关文献分为三类：第一类文献认为贸易和全球化是国内不平等产生的重要原因。例如，Autor 等（2013）研究表明美国面临中国进口竞争程度高的地区工资增长速度较进口竞争程度低的地区更快，进而引起美国地区间收入水平差异；Ma 和 Ruzic（2020）使用前1%的收入水平表示国内收入不平等程度时，通过实证研究以及数值模拟发现全球化水平提高可以解释美国国内收入不平等水平的44%；而第二类文献得出了不完全一致的结论，例如许多经济学家认为全球化和贸易对收入不平等存在影响但并不十分重要，其原因包括：首先，虽然贸易与不平等交织在一起，但是贸易量与经济体量相比依然很小（Feenstra 和 Hanson，1999；Helpman，2016）；其次，贸易的主要影响机制（技术密集型产品价格的上涨）没有被发现；最后，与美国有贸易往来的许多最不发达国家的不平等现象也有所增加，而最简单的贸易和全球化预测最不发达国家这类相对技能稀缺的经济体的不平等程度是下降的。当然不可否认的是，由于生产以及销售全球化会影响哪些技术更具有盈利性，意味着贸易对不平等一定是有影响的。例如，贸易会使得技术密集型产品价格提升，技能偏向型技术加强。换言之，贸易和全球化会进一步深化或放大各国原有的比较优势，使得与其生产相关的要素收入提高，而对于不具有生产优势的部门收入降低，进而对国内收入差距产生影响；第三类文献则有相反的结论，例如 Florence Jaumotte 等（2013）认为全球化对收入不平等的影响可以分为贸易自由化和金融自由化分析，贸易全球化会降低收入不平等，金融全球化尤其是 FDI 才是提高收入不平等的原因。综上可知，已有文献关于全球化对国内收入不平等影响的文献探讨已较为丰富，但结论并不完全一致。因此，进一步使用包含全球价值链分工体系的指标，再考察这一主题十分必要。

2.3.3 全球价值链对技能溢价的影响

技能溢价指高技能劳动与低技能劳动的工资之比，也称为技能劳动差距。关于全球价值链分工对技能工资差距影响的研究，已有文献从理论与实证出发，得出了不尽一致的结论。

依据研究结论的不同，可将相关文献分为三类：第一类文献研究表明，全球价值链分工会提高高收入国家的技能溢价，但是会降低中低收入国家的技能溢价。因为在全球分工体系下，发达国家完成技能劳动密集型生产环节，将非技能劳动密集型生产环节外包给发展中国家，与之对应，发达国家提高了对技能劳动的相对需求，发展中国家提高了对非技能劳动的相对需求，进而导致发达国家内部收入差距拉大，而发展中国家收入差距缩小（Costinot 等，2012）。在此基础上 Gonzalez 等（2015）、Timmer 等（2013）、Timmer 等（2014）使用

WIOD 数据实证检验了这一结论。高运胜等（2017）基于 WIOD 数据库及 WWZ 方法，测算了 1995—2011 年中国主要 13 个制造业与 12 个服务业垂直专业化指数，实证分析了全球价值链嵌入程度对技能工资差距的影响，研究表明，随着制造业和服务业参与国际垂直专业化分工程度提高，进一步缩小了中国熟练和非熟练劳动力的工资差距。

然而这一结论似乎无法解释发展中国家收入分配状况同样恶化的现状，所以第二类文献研究认为，由于某些对于发达国家而言的低技能劳动密集型生产环节，对于发展中国家而言仍是技能劳动密集型的，因此全球化会同时拉大发达国家和发展中国家对技能劳动的需求，从而同时拉大了两类国家中高低技能劳动的工资差距（Zhu 和 Trefler，2005）。李惠娟和蔡伟宏（2016）运用垂直专业化指数测算中国服务业及其内部各行业参与全球价值链分工的程度，并以全要素生产率为中介变量，利用中介效应分析法实证检验全球价值链分工基于全要素生产率影响劳动力工资的传导机制。研究结果显示：对于中国大部分服务行业而言，参与全球价值链分工通过促进全要素生产率来提高自身熟练劳动力工资份额，导致熟练劳动力和非熟练劳动力工资水平差距进一步拉大。

但事实上，全球价值链分工对技能溢价的影响是提高或降低并非简单基于国家的类型，可能与生产环节等特征具有密切且复杂的关系。为此，第三类文献更专注于全球价值链的概念，分析生产环节差异性带来的收入分配效应：Lee 和 Yi（2017）使用数值模拟了全球价值链嵌入对技能溢价的影响，得出结论认为全球价值链的每段生产任务需要特定的生产要素匹配，专业化生产环节对某类生产要素需求的提升会引起其价格的上升。林玲和容金霞（2016）基于 WIOD 投入产出表及社会经济统计账户表中的数据，探究在不同发展程度国家之间，中间产品和最终产品的全球价值链参与度和本国收入差距的关系，研究表明，各国全球价值链后向参与度与本国高低技术工人工资收入差距之间存在稳定的负相关关系；刘瑶（2016）利用 OECD-TiVA 提供的数据考察各国参与全球价值链对本国熟练劳动与非熟练劳动工资差距的影响，发现相对于技术进步，一国的全球价值链参与度和全球价值链位置指数是显著影响工资差距的主要因素，且参与度越高、参与位置越处于下游，其工资差距越大。

综合以上三类文献来看，第三类文献的观点十分值得借鉴。但是，不论以上文献的结论如何，其主要基于行业层面或国家层面探讨技能溢价的变化问题。然而，即使是同一行业内部，不同企业生产函数的差异性也使进一步探讨企业层面技能溢价问题成为必要，随着贸易理论的更新与微观数据的可获得，这一研究将进一步推进。

2.3.4 全球价值链对劳动收入份额的影响

关于 GVC 对劳动收入份额的研究，按照研究主体对象的不同可以分为基于中国的研究与基于跨国的研究两大类。

在基于中国样本的研究中，依据对全球价值链测算体系的度量方法，可将已有文献分为两大类。第一类文献使用垂直一体化等测算方法考察全球化对劳动收入份额的影响。如蒋为和黄玖立（2014）利用 2000—2011 年中国省级面板数据进行经验检验，结果表明国际生产分割的上升将导致劳动收入份额的下降，且这种负向效应与中国在国际生产分工中的地位密切相关。王舒鸿（2012）则发现垂直专业化对劳动收入份额的变化有积极的促进作用，外商投资、资本密集度、劳动生产率等则通过垂直专业化对劳动收入份额产生间接影响。随着全球价值链测算体系的完善，第二类文献使用 GVC 指标，考察 GVC 对劳动收入份额的影响。如张少军（2015）基于中国工业数据研究表明 GVC 的价格驱动作用、低端锁定效应以及促使世界劳动力市场一体化引起了发展中国家工资水平降低，从而导致劳动收入份额降低；袁媛和綦建红（2019）基于中国微观企业数据，得出了一致的结论，即企业嵌入 GVC 在资本深化、技术偏向与垄断加成的共同作用下，引起了企业劳动收入份额的降低。刘胜等（2016）利用 40 个国家和地区的跨国数据，实证检验了全球价值链嵌入程度与要素禀赋结构对劳动收入占比的影响。结果表明全球价值链嵌入加深将会导致劳动收入占比下降，且影响程度与国家在全球价值链分工体系中所处的地位有关。余淼杰和刘亚琳（2017）利用中国 2000—2006 年微观企业数据检验了垂直专业化分工对劳动收入份额的影响，结果表明，对于一般贸易企业，垂直专业化分工程度的增加会降低其劳动收入份额，而加工贸易企业的垂直专业化分工的分工程度则对其劳动收入份额具有正向显著的影响。可以看出以上文献对国际分工对中国劳资分配的影响尚未达成一致结论。

在基于跨国样本的研究中，众多文献也尚未得出一致的结论。例如，Karabarbounis 和 Neiman（2014）认为全球化导致资本价格下降是密集使用资本要素国家、部门劳动收入份额下降的重要原因；Harrison（2005）使用跨国面板数据验证了国际贸易通过影响各国的要素禀赋影响劳动收入份额，在 1960—1997 年间低收入国家的劳动收入份额下降而高收入国家劳动收入份额提升。

综上文献可知，关于全球化对劳动收入份额的影响因样本选择不一致或指标测度的不统一等并未得出一致的结论，所以进一步研究、明确全球化对不同主体劳动收入份额产生的影响及其机制仍然具有重要意义。

第四节　文献评述

通过以上文献综述可以发现，现有文献对全球价值链分工对收入分配影响的研究已有丰富基础，为新的研究提供了重要借鉴，但是仍然存在以下几点不足：

第一，关于全球价值链如何影响国家间收入分配的研究仍然匮乏。在理解全球收入不平等问题中，国家间收入不平等是重要组成部分，已有研究对全球化会导致各国收入发散或收敛得出的结论不尽一致，且大多基于传统贸易层面分析，因此在全球价值链分工背景下，依据包容、普惠、互利、共赢的理念，客观认识全球收入在国家间的分配情况具有重要的理论意义和现实意义。

第二，关于全球价值链分工影响国内收入分配的文献中，大多文献集中将全球价值链变量作为单一变量考察其作用，尚未将全球价值链与其他变量置于统一分析框架中，对影响国内收入不平等的因素进行比较及排序，而这一研究对于找到降低收入不平等的方法具有重要意义。

第三，关于全球价值链如何影响高低技能劳动工资差距的文献中，大多文献基于国家或行业层面进行分析，鲜有文献基于企业层面考察中国企业嵌入全球价值链对技能溢价的影响，为此可能会忽略掉企业生产函数的异质性。因此，使用最新的全球价值链指标体系考察微观企业层面技能溢价的变化具有重要意义。

第四，关于全球价值链对劳动收入份额产生影响的文献中，大多文献基于部分国家或部分行业样本，而对样本的选择会对研究结论产生十分重要的影响，鲜有文献使用更广泛的样本考察二者之间的规律及机制。因此，考察跨国、全行业样本中二者的关系并从中探索中国的角色对理解二者关系是重要补充。

第三章　全球价值链与国家间收入差距

——基于跨国经验的分析

国家间收入差距是全球收入不平等的重要组成部分。全球价值链促使资源实现全球范围优化配置的同时也产生了收入分配效应，从宏观层面分析，各国收入水平会更加收敛或发散对于理解全球收入分配格局变化具有重要意义。本章将通过理论模型、基于跨国面板数据，考察一国的全球价值链参与度对国家间收入不平等产生的影响。

第一节　引言

过去的三十年中，得益于贸易自由化和信息技术的飞速发展，全球价值链（Global Value Chains，GVC）分工模式在全球范围内铺陈开来，各个国家被牢牢虹吸在全球价值链中，参与主体更关注某个生产环节而不再是整个产品。以工序分工和产品内分工为主的全球价值链生产模式通过放大各国的比较优势、产生规模效应，为各参与主体提供了创造新的收入和增加就业的机会，也大大提高了资源在全球的配置效率。但是，在全球共同生产产品、销售布局全球、共同分配利益的背景下，各国是否可以均享全球化带来的利益，国家间的收入变化是否一致？各国之间的收入差距是否会发生变化，是强者愈强、弱者愈弱的"马太效应"显现还是各国趋同发展？

对这一问题的思考将有助于加强对全球价值链收入分配效应的理解，有助于为应对当前盛行"逆全球化"浪潮给予理论支持与有力回应。2012年，党的十八大报告中明确提出，"要倡导人类命运共同体意识，在追求本国利益时兼顾他国合理关切，在谋求本国发展中促进各国共同发展"。高屋建瓴的世界观为全人类的共同发展提供了新思路，那么，如果全球价值链分工模式可以在提升资源全球配置效率的同时促使各国收入趋同、降低各国之间的收入差距，是为兼顾公平和效率的"包容性"发展提供了可行路径。

关于各国收入是否趋同的研究中，部分学者从国际贸易视角提出了可能的理论解释，例如在较早的文献中，Freeman（1995）基于理论分析认为发达国家与发展中国家之间进行贸易，会导致在可贸易行业中低技能劳动要素流动性加强，进而出现两类国家低技能劳动要素收入趋同的现象。自全球价值链成为各国参与国际贸易的重要方式以来，也有大量文献研究全球价值链是否会成为各国经济联动的重要方式，例如Ng（2010）使用30个国家的数据研究表明，全球价值链贸易会促进各国经济实现更强的联动，而传统国际贸易则会弱化国际经济的联动性；Di Giovanni和Levchenko（2009）深入到行业层面研究也表明价值链贸易程度的加强会对双边部门的联动产生正向促进作用。与其结论一致，潘文卿等（2015）、唐宜红等（2018）使用WIOD数据验证了全球价值链会加强双边贸易主体经济周期与产出的联动性。以上文献为本书提供了可借鉴的思路：全球价值链通过将生产要素包含于产品之中，通过贸易使各国产出与经济周期产生协同效应，那么在此过程中，各国的收入是否也会更加趋同？在当前逆全球化思潮甚嚣尘上的背景下，对这一问题的思考将有助于理解世界收入分配格局变化的成因，对于如何减缓各国收入差距具有现实意义。此外，从理论层面分析，现有关于全球价值链分工对收入分配影响的研究大多基于实证分析得到结论，若能将全球价值链"碎片化"生产的概念模型化并在此基础上探讨全球价值链影响各国收入及收入差距的机制，将是对现有文献的有益补充。

在本书的分析中，为了对各国收入不平等程度的变化有大致观察和理解，使用更为细化、包含样本国家更多的数据刻画了较长一段时间内国家间收入不平等的变化趋势。图 3.1 使用世界银行提供的 1960—2020 年间全球 180 个国家（或地区）的人均 GDP 数据，绘制了人均GDP 泰尔指数的变化。由图可知，国家间收入差距在该时间区间内呈明显的先上升后下降趋势，这一水平在 1990 年附近达到峰值。

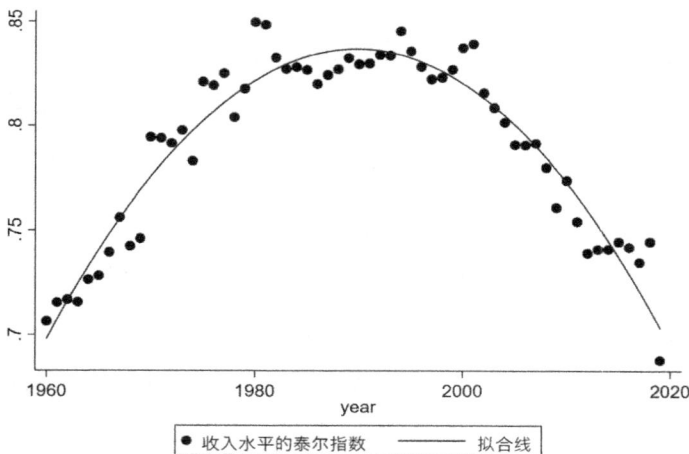

图 3.1　1960—2020 年间各国人均收入泰尔系数变化

数据来源：依据世界银行人均 GDP 数据计算。

除使用各国人均 GDP 泰尔指数表示国家间收入不平等程度之外，本书也思考使用高收入国家 GDP 占全球 GDP 的比重衡量全球收入不平等程度，如图 3.2 所示。从图 3.2 中可以看出，在 1990 年之前，高收入国家收入占比超过 75%，这表示全球产值或收益仅仅集中在少部分高收入国家，而低收入国家的全球贡献度较低。但这一水平在 20 世纪末期出现转折，表明新兴经济体等发展中国家在全球经济中的贡献度逐步提高，全球经济由之前的"大分流"态势发展为"大趋同"。

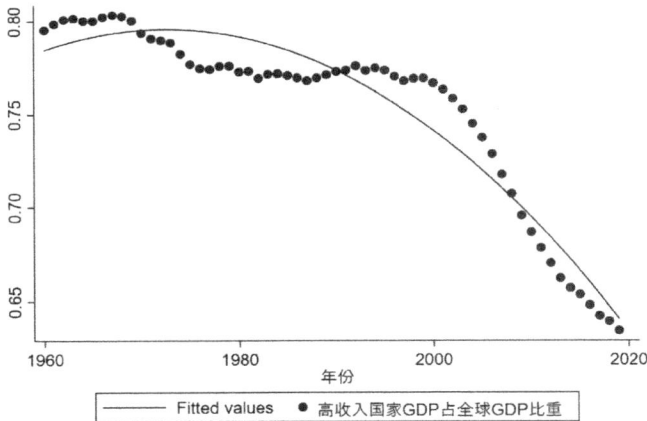

图 3.2　1960—2020 年间全球高收入国家 GDP 占全球 GDP 的比重变化

数据来源：依据世界银行各国 GDP 数据计算。

此外，与国家间收入差距下降同时发生的还有各国贸易自由化程度的大幅提升以及全球价值链的繁荣发展。那么，是贸易的更大幅度开放还是全球价值链发挥了重要的作用？接着，本书在图 3.3 中绘制了 1960—2020 年间各国贸易开放度的变化，可以看出各国的贸易开放水平在 60 年间内呈波浪式上涨趋势，并未在 1990—2020 年间出现与前 30 年的结构性变化，因此这似乎无法对人均收入泰尔指数呈倒 U

形的现象给予解释。

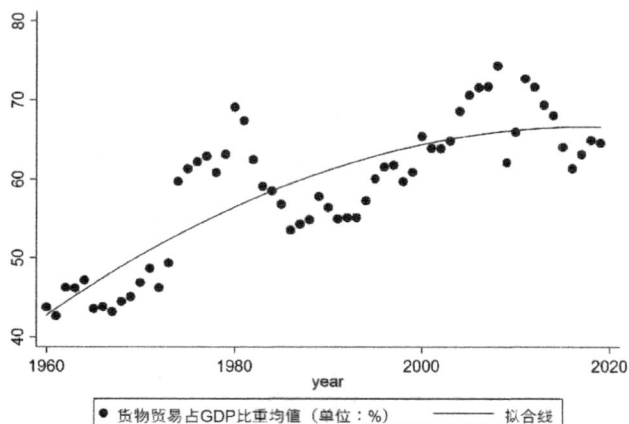

图 3.3 1960—2020 年间各国贸易开放度均值变化

数据来源：依据世界银行货物贸易额占 GDP 百分比数据计算。

接着，本书使用 1990—2018 年数据 [①] 绘制了世界 189 个国家（地区）参与全球价值链程度的平均值。由图 3.4 可知，近 30 年来世界各国参与 GVC 的水平除少数年份外呈递增趋势，表明各国生产逐渐依附于 GVC 生产链。那么，生产和销售过程的相互依赖是否会使各国之间的收入也更加趋同，进而引起全球不平等的下降？由于 1960—1990 年数据缺乏，对这一问题的考察需要更精确的理论分析与经验验证。对该话题的研究不仅是对已有文献中关于全球价值链收入分配效应的有益补充，也会为当前逆全球化背景下支持多边共同发展提供理论依据。

---

① 出于数据限制，关于全球价值链测算的数据最早可以追溯到 1990 年，数据来源为 Eora MRIO 数据库，详细介绍位于本章指标测度部分。

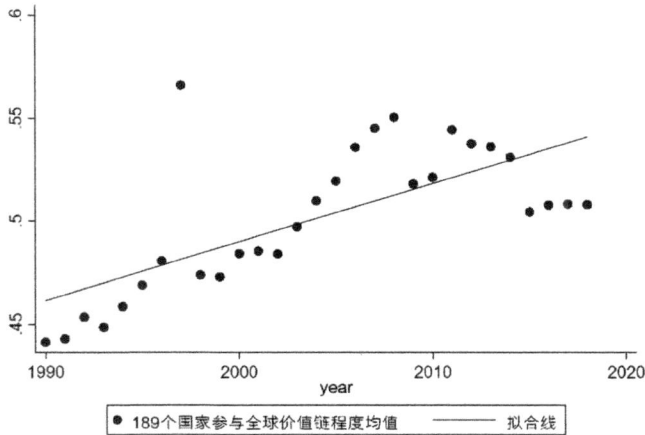

图 3.4 1990—2018 年间各国参与 GVC 程度均值变化

数据来源：依据 Eora MRIO 数据库计算。

虽然关于全球化的收入分配效应研究已经非常丰富，但是关于一些问题的探讨仍然匮乏。其一，关于全球化指标的使用中，现有研究更多关注传统贸易、对外直接投资对收入分配的影响，而以上指标难以准确刻画出当前以全球价值链生产模式为主要特征的背景下，各国真正参与全球化生产和贸易的程度，而逐步完善的全球价值链测算体系为准确刻画各国参与全球化的真实程度提供了重要依据，使用新的核算体系能更全面识别全球化的程度及其经济效应；其二，全球不平等由全球各国之间不平等和国内不平等组成，因此要全面理解全球不平等需要不失偏颇的同时关注两部分组成成分，而现有研究大多将关注重点集中于某个国家内部的收入不平等来源，而较少关注国家间的不平等，如此分析可能导致结论有失全面性。因此，关注国家间不平等对全面评价全球不平等的变动具有重要意义；其三，关于考察样本的问题，现有研究大多使用两国国家收入差距（如 Freeman1995）考察贸易引起的收入趋同问题，而随着全球价值链铺陈开来，对世界范围内众多国家间收入差距的考察更具有重要意义。

综上可知，与现有研究相比，本书可能的创新点在于：第一，关于样本的考察。得益于世界投入产出表的逐步完善，本书基于 Eora MRIO 数据库，获取全球 189 个国家（地区）的全球价值链参与度，得到的结论更加全面；第二，关于对全球不平等的考察层次方面。不同于大多关注特定国家国内收入不平等的文献，本书将重点关注世界收入不平等构成中的国家间的不平等，为全面衡量全球价值链如何改变世界收入分配格局提供有益补充；第三，现有文献中，关于全球价值链收入分配效应的研究大多使用实证分析，本书尝试以全球价值链的"碎片化"特征为关注点，将全球价值链分工理论化并在此基础上进行实证分析。

本章剩余部分内容安排如下：第二节为理论分析，第三节为计量模型设定、指标测度与数据说明，第四节为实证结果与分析，第五节为影响机制分析，第六节为本章小结。

第二节　理论分析

以最终品为贸易主要承载方式的传统国际贸易理论中，斯托珀－萨缪尔森定理（The Stolper-Samuelson Theorem）得出结论：某一商品相对价格的上升将导致生产该商品时密集使用的生产要素的实际价格或报酬提高，而另一种生产要素的实际价格则下降。在此基础上，将 S-S 定理在 H-O 基础上加以应用，可以得出结论——国际贸易会提高该国丰富要素所有者的实际收入，降低稀缺要素所有者的实际收入。

　　然而，作为以中间品为主要载体的全新贸易和生产模式——全球价值链打破了传统贸易理论的假设，也改变了贸易结果。在碎片化生产模式下，参与国只需在特定环节具有比较优势便可以参与到全球价值链进行生产，通过发挥其比较优势，推动该国特定丰裕要素所有者收入的提高。因此，全球价值链将比较优势拓展到生产环节后，与传统的最终品贸易模式相比，可能会缩小国家间的收入差距。

3.2.1 基本假设

　　借鉴 Antràs 和 de Gortari（2020），将 Eaton 和 Kortum（2002）的模型进行拓展，将其生产过程刻画为由 GVC 多国家多阶段生产环节组成的生产链，具体而言：假设有 J 个国家（$j=1$，2，…，J）参与最终产品 z 的生产，该产品需要通过 N 个环节（$n=1$，2，…，N）进行序贯（sequential）生产，最后一个生产环节 N 为最终组装环节。每个生产环节生产国会使用本地的劳动力和中间品。每个国家的生产所需的成本是 c_j，商品在国家 i 和 j 之间进行贸易的冰山成本为 $\tau_{ij} > 1$，并假设生产过程中的技术带来的规模收益不变且市场完全竞争。

3.2.2 局部均衡分析

　　在以上假设条件下，主导（leading）企业以成本最小化为目标布局产品的全球生产策略，以形成最优生产链条 L：L={l（1），l（2），…，l（N）}，即将 N 个生产环节均选择其生产成本最低的国家进行生产，对应第 n 个生产环节的成本为：

$$p^n_{l(n)}(L) = (\alpha^n_{l(n)} c_{l(n)})^{\alpha_n} (p^{n-1}_{l(n-1)}(L) \tau_{l(n-1)l(n)})^{1-\alpha_n} \tag{3.1}$$

即每个环节的生产是上一环节的产出与本环节投入的柯布道格拉斯函数，其中本阶段投入份额为 $\alpha_n \in (0,1]$，且第一阶段的投入占比取值为 1。这里为了便于表述，将式（3.1）中的 $p_{l(n-1)}^{-1}(L)\tau_{l(n-1)l(n)}$ 定义为第 n 阶段之前生产的部分。按照生产路径 L 生产得到最终产品 F 的生产成本 $p_j^F(L) = p_{l(N)}^N(L)\tau_{l(N)j}$，因此最优生产路径是使生产成本最低的路径解，即：

$$L^j = \arg\min_{l \in N} p_j^F(L) = \arg\min_{l \in N} \{ \prod_{n=1}^{N} (\alpha_{l(n)}^n c_{l(n)})^{\alpha_n \beta_n} \times \prod_{n=1}^{N-1} (\tau_{l(n)l(n+1)})^{\beta_n} \times \tau_{l(N)j} \}$$

（3.2）

其中 $\beta_n \equiv \prod_{m=n+1}^{N} (1-\alpha_m)$。由式（3.1）可知，$\alpha_n$ 为第 n 个生产阶段中本阶段投入要素的比重，我们同时需要一个参数表示第 n 个生产阶段在最终消费品中的投入要素比重，或者说在整个生产链条中投入要素品的比重。由于整个链条是连乘的关系，因此 $\alpha_n \beta_n$ 可以表示第 n 个生产阶段在整个生产链条中的投入要素比重。在所有生产环节完成之后，下一环节的投入比重为 0，即不再会进行生产，因此 α 满足等式 $\prod_{m=N+1}^{N} (1-\alpha_m) = 1$。

3.2.3 一般均衡分析

在以上的局部均衡分析中，本书假设布局全球价值链生产的主导企业以成本最小化为目标，并将各国生产成本假设为外生变量，但现实中一国的生产成本是其生产技术的函数而非外生，因此本小节将生产成本内生化，假设生产率服从如下的 Fréchet 极值分布：

$$\Pr(\prod_{n=1}^{N}(\alpha_{l(n)}^{n}(z))^{\alpha_n\beta_n}\geqslant\alpha)=\exp\{-\alpha^{\theta}\prod_{n=1}^{N}(T_{l(n)})^{\alpha_n\beta_n}\} \quad\quad (3.3)$$

其中 θ 为形状参数，$\prod_{n=1}^{N}(T_{l(n)})^{\alpha_n\beta_n}$ 为位置参数。生产成本为生产率的函数，价值链的形成为生产成本最小化的最优选择，因此在完全竞争和规模报酬不变的条件下，最终产品价格也将服从 Fréchet 极值分布，如式（3.4）。式（3.3）的经济学含义为：企业可以参与全球价值链生产的概率服从参数为 T、θ 的极值分布，更准确地说，消费者为经过价值链路径 L 生产产品 z 所支付的价格为 $p_j^F(L,z)$。将式（3.2）带入式（3.3），可以推出以下关系：

$$\Pr(p_j^F(L,z)\geqslant p)=\exp\left\{-p^{\theta}\times\prod_{n=1}^{N}((c_{l(n)})^{-\theta}T_{l(n)})^{\alpha_n\beta_n}\times\prod_{n=1}^{N-1}(\tau_{l(n)l(n+1)})^{-\theta\beta_n}\times(\tau_{l(N)j})^{-\theta}\right\}$$
$$(3.4)$$

式（3.4）的经济学含义为：生产最终品 z 时，选择生产链条 L 的概率即为每个生产环节均为价格最低的概率。接着，借鉴 Eaton 和 Kortum（2002）的部分结论，得出生产链 L 成为成本最低生产链的概率为：

$$\pi_{Lj}=\frac{\prod_{n=1}^{N-1}((T_{l(n)})^{\alpha_n}((c_{l(n)})^{\alpha_n}\tau_{l(n)l(n+1)})^{-\theta})^{\beta_n}\times(T_{l(n)})^{\alpha_N}((c_{l(N)})^{\alpha_N}\tau_{l(N)j})^{-\theta}}{\sum_{l\in N}\prod_{n=1}^{N-1}((T_{l(n)})^{\alpha_n}((c_{l(n)})^{\alpha_n}\tau_{l(n)l(n+1)})^{-\theta})^{\beta_n}\times(T_{l(n)})^{\alpha_N}((c_{l(N)})^{\alpha_N}\tau_{l(N)j})^{-\theta}}$$
$$(3.5)$$

其中分子的含义是选择的 L 路径为生产 z 产品的最优路径，分母是所有生产 z 产品可能有的路径，仅当 L 路径的生产成本最低时，生产的主导厂商才会选择 L 路径，这一概率为 π_{Lj}。式（3.5）表明，能否使用 L 生产链的决定因素包括：每个生产环节中的一国的生产技术、要素成本 c 和贸易成本。生产环节中一国生产技术越高、要素成本越低，分子项越大，形成生产链的概率越高。因此一国参与全球价值链的程度与其在特定生产环节的技术水平和要素成本有关，将产品的生产过程拆分到各个环节中时，一国只要在生产技术或要素成本任一方面具有优势，其参与全球价值链生产的概率就会提高。此外，式（3.5）表明，各国之间的贸易成本越大，形成全球价值链的概率就越低，产品的生产更倾向于一国自己生产，换言之，贸易成本下降是全球价值链形成概率提高的重要原因之一，这也从理论层面解释了贸易成本下降促进全球价值链形成的原因。

3.2.4 参与 GVC 生产引起的收入变化

在多国凭借自身的技术水平、成本优势内生形成全球价值链布局后，一国的全球价值链参与程度也会带来价格体系与收入的变化，进而对一国福利产生影响。首先分析参与 GVC 引起的价格体系变化。类比 Eaton 和 Kortum（2002）中式（9）得解出 j 国的产品价格指数为：

$$P_j = \kappa (\Theta_j)^{-1/\theta} \tag{3.6}$$

其中 $\kappa = \left[\Gamma(\dfrac{\theta + 1 - \sigma}{\theta}) \right]^{1/(1-\sigma)}$ 为 Gamma 分布函数 [1]。Θ_j 为式（3.5）的分母项，因此 j 国价格体系可以表达为：

$$P_j = \kappa (\sum_{l \in N} \prod_{n=1}^{N-1} (((T_{l(n)})^{\alpha_n} ((c_{l(n)})^{\alpha_n} \tau_{l(n)l(n+1)})^{-\theta})^{\beta_n} \times (T_{l(n)})^{\alpha_N} ((c_{l(N)})^{\alpha_N} \tau_{l(N)j})^{-\theta})^{-1/\theta} \tag{3.7}$$

为求解均衡状态下的工资，需要使用总支出等于总收入的等式表

---

[1] 函数形式为 $\Gamma(a) = \int_0^\infty x^{a-1} e^{-x} \mathrm{d}x$。

达，即：

$$w_i L_i = \sum_j \sum_n \alpha_n \beta_n \times \Pr(\Lambda_i^n, j) \times w_j L_j \qquad (3.8)$$

等式左边为 i 国的总收入，等式右边则表示 i 国用于 j 国（包含 i 国）的总支出。为分析参与 GVC 带来的收入变化，本书将比较封闭状态以及参与 GVC 状态下国家的真实收入水平。通过式（3.5）可知，最终产品 z 仅仅由 j 国国内自身完成的概率为：

$$\pi_{jj} = \frac{(\tau_{jj})^{-\theta} \sum_{n=1}^{N} \beta_n \times (c_j)^{-\theta} T_j}{\Theta_j} \qquad (3.9)$$

此时，j 国的生产成本为 $c_j = (w_j)^{\gamma}(P_j)^{1-\gamma}$，因此 j 国的真实收入可以表达为：

$$W_j = \frac{w_j}{P_j} = \left(\kappa \left(\tau_{jj} \right)^{\sum_{n=1}^{N} \beta_n} \right)^{-1/\gamma} \left(\frac{T_j}{\pi_{jj}} \right)^{1/(\theta\gamma)} \qquad (3.10)$$

由式（3.10）可知，当贸易成本发生变化时，仅 π_{jj} 发生变化，因此福利会发生变化为：

$$\hat{W}_j = \left(\hat{\pi}_{jj} \right)^{-1/(\theta r)} \qquad (3.11)$$

由于在封闭状态下 $\pi_{jj}=1$，因此从开放状态到完全封闭状态，j 国福利会降低。其损失值为：

$$\hat{G}_j = 1 - \left(\pi_{jj} \right)^{1/\theta r} \qquad (3.12)$$

其中 π_{jj} 表示一国产出中用于本国生产链的部分。式（3.12）的含义也是容易理解的，一国的支出中用于购买本国生产成分比重越高，即封闭程度越高，全球价值链生产模式为其带来的福利变化值越大，换言之，原本开放程度越低的国家在实现开放后福利提升越多。假设所有国家均对称，$i \neq j$ 时，$\tau=1$ 即任意两国贸易的冰山成本相同；$i=j$ 时，$\tau=1$，

那么 j 国从完全封闭到参与全球价值链获得的贸易利益变化为：

$$\hat{G}_j = (\prod_{n=1}^{N}(1 + (J-1)\tau^{-\theta\beta_n}))^{-1/\gamma\theta} - 1 \tag{3.13}$$

至此，由于（3.13）中的式子取值为正，可以提出本书的待检验假说：

假说 1　一国参与 GVC 生产会带来收入水平的提高。

接着，为了进一步理解 GVC 参与对不同国家收入变化影响的异质性，我们将接着分析贸易利益变化的影响因素。为简化理解，式（3.14）将式（3.13）简化为两国模型，假设世界仅有两个国家并经历从封闭到开放的过程，每个国家获利增加值为：

$$\hat{G}_j = \frac{1}{\left(\left(1 + \frac{1}{\tau^{\theta\beta_1}}\right)\left(1 + \frac{1}{\tau^{\theta\beta_2}}\right)\right)^{\frac{1}{\gamma\theta}}} - 1 \tag{3.14}$$

由式（3.14）可知，一国实际收入变化的大小与以下几个参数有关：首先，贸易成本越高，从封闭状态到参与 GVC 生产的福利增加越多，意味着原本贸易成本或壁垒较高的国家，一旦从封闭状态到开放状态，其获得的福利增加值就越高。其次，技术水平的形状参数 θ 也会对福利变化有影响；每阶段生产过程的中间投入结构 α、β 以及每阶段增加值比重参数 γ 均会对本国真实收入变化产生影响。以上表达可以理解为一国从封闭生产到参与 GVC 生产必然会发生收入水平的提高。也就是说，可以通过该式得出一国参与全球价值链会带来福利提升的定性结论。更进一步地，本书不仅关注各国收入是否会发生变化，更关注各国收入变化的程度是否相同。已有文献中，Antràs 和 de Gortari（2020）使用 WIOD 数据进行数值模拟并给出反事实分析结果，结果表明，参与 GVC 会为各国带来收入的大幅增长。但值得注意的是，由于各国的生产成本、技术水平等不同，参与 GVC 带来的收入变化不尽一致。通过以上理论分析，这里提出本书的理论假说：

假说 2　一国参与 GVC 生产带来的收入水平提高程度与其原本贸易成本、技术水平等因素有关，因此全球各国参与 GVC 的过程伴随着各国之间收入差距的变化。

第三节　计量模型设定、指标测度与数据说明

以上理论分析在刻画全球价值链形成机制的基础上分析了一国参与全球价值链可能引起收入变化的机制。得出的基本结论是：首先，一国参与 GVC 生产会带来真实收入水平的提高。其次，由于各国的原本贸易成本、技术水平不同，其真实收入变化水平不尽相同，也意味着 GVC 参与会产生国家间的收入分配效应。为了对上述假说进行经验检验，本章将分别以国家收入水平、国家间收入不平等程度作为被解释变量，以各国的 GVC 参与程度作为解释变量，分析 GVC 参与对全球收入不平等的影响。

3.3.1　计量模型设定

首先，为验证本章的假说 1，考察一国参与全球价值链对其收入水平的影响，本书设定计量模型：

$$pgdp_{j,t} = \beta_0 + \beta_1 gvc_{jt} + X_{jt} + \mu_j + \mu_t + \varepsilon_{jt} \tag{3.15}$$

其次，为验证本章的假说 2，考察一国参与全球价值链对国家间收入差距的影响，本书设定计量模型：

$$theil_{j,t} = \beta_0 + \beta_1 gvc_{jt} + X_{jt} + \mu_j + \mu_t + \varepsilon_{jt} \qquad （3.16）$$

式（3.15）、式（3.16）中下角标 j 和 t 分别表示国家和时间，$pgdp_{j,t}$ 为 t 年 j 国的人均 GDP，$theil_{j,t}$ 为 t 年除去 j 国外其他国家人均 GDP 的泰尔指数，gvc_{jt} 为 t 年 j 国参与全球价值链的程度，μ_j、μ_t、ε_{jt} 分别为国家固定效应、年份固定效应以及随机误差项。关于模型（3.15），本书重点关注系数 β_1 的正负，若 $\beta_1>0$，则表明一国参与 GVC 程度的提高会引起收入水平的提高。

关于模型（3.16），本书如此设定的原因主要包括：从数理方面来说，可以形成国家—时间层面的面板数据。若仅使用所有国家特定年份收入水平的泰尔指数，则仅能考察时间序列的整体变化，样本量较少且取平均值的过程会造成大量样本信息的损失；从经济学角度分析，式（3.16）中的 β_1 的经济含义可以理解为，j 国参与全球价值链程度每提高一个标准差，世界上其余国家的不平等程度发生改变的程度。例如，当下标 j 表示中国时，β_1 则可以表示中国参与全球价值链对改变世界其他国家间不平等的作用。如果 $\beta_1<0$，表明参与 GVC 程度的提高会降低世界收入水平的不平等程度；如果 $\beta_1>0$，则表明一国参与 GVC 程度的提高会提高世界收入水平的不平等程度。

3.3.2 指标测度与数据说明

3.3.2.1 被解释变量

国家收入水平（$pgdp$），本书使用一国按照购买力平价 PPP 计算的人均 GDP（现价美元）（$pgdp1$）、人均 GDP（2010 年不变价格美元计价）（$pgdp2$）、人均 GDP（现价美元）（$pgdp3$）指标衡量其收入水平，可以表示实际人均 GDP 和剔除价格因素的实际人均 GDP。数据来源于世界银行数据库。

国家间收入不平等（*pdgp_theil*），常用测度收入差距的指标包括：泰尔指数、基尼系数、Atkinson 指标等。在以上测度方法中，泰尔指数具有完全相加可分解性（additive decomposability），可以将整体不平等分解为不同组别之间不平等的和，在不平等体系分析中更便于进行加和与分解，因此本书主要选用各国人均 GDP 的泰尔指数作为被解释变量。在测算国家间收入水平差异时，本书计算了每个国家除去本国外的人均 GDP 泰尔指数，便于后文形成面板数据进行回归。泰尔指数越大，表明不同国家间的收入差距越大。

3.3.2.2 核心解释变量

全球价值链参与度（*gvc*），本书借鉴 Wang 等（2017a），测度一国参与全球价值链的程度。具体测算方法见本书第二章第一节。本章主要使用 Eora MRIO 数据，测算出 1990—2018 年间全球 189 个国家（或地区）的全球价值链参与度。该数据库主要依据 UN comtrade 以及一些国家的投入产出表编制得到，是目前国际组织公布的数据中可以用于测度全球价值链指标且包含国家样本量最多的国家。虽然该数据库中行业层面的计算仅包含 26 个行业，但与 WIOD 数据库相比，包含更广泛的国家群体，与本书的探讨主题一致。全球价值链参与程度越高，表明一国的生产中更多使用别国产品或一国的产出中可以更多用于别国的生产。

3.3.2.3 控制变量

国家技术（*tfp*）及国家间技术水平的差异（*tfp_theil*），依据理论分析，一国的技术水平是其最初收入水平的决定性因素，因此需要在本书的控制变量中加入各国技术水平作为控制变量。一般来说，一国全要素生产率可以衡量一国的技术水平，因此本书使用（Penn World Table）PWT 9.1 数据库提供的 tfp 数据作为衡量技术水平的变量。

此外，本书在模型（3.15）中还控制了其他国家层面的控制变量，包括：

（1）人力资本建设（*hc*），用教育回报程度度量，数据来源 PWT 9.1 数据库。

（2）城镇化率（*cityratio*），城市人口占总人口比重，数据来源为世界银行数据库；由于城镇的劳动生产率是农村的 3—5 倍，因此，城镇化的提高可以带来增长（万广华和胡晓珊，2021；罗知等，2018），中低收入人群的产出以及消费增长将提高人均 GDP，其回归系数符号为正。

（3）所得税、利润税和资本收益税占总税收比重（*tax*），数据来源为世界银行数据库；由于所得税、利润税和资本收益税主要是针对国内高收入人群的征税，这一比重的提高可能会通过转移支付将收入转移至中低收入人群，通过提高整体边际消费率提高一国的收入水平。

（4）对自然资源的依赖度（*resdep*），使用一国的自然资源租金占 GDP 比重度量。数据来源世界银行数据库，一国对自然资源依赖度过高不利于一国经济产生持久动力，长久看会对经济增长产生负面影响。

（5）金融发展（*fin*），使用私人信贷占 GDP 比重表示一国金融发展水平，数据来源于国际货币基金组织。由于金融发展程度可以促进资源优化配置，对经济发展有积极作用（周立和王子明，2002），因此预期会提高人均 GDP。

3.3.3 变量的统计性描述与典型事实分析

依据指标测算，表 3.1 初步报告了主要变量的统计特征。

表 3.1 变量的统计性描述

变量名称	变量符号	观测值	均值	标准差	最小值	最大值
人均 GDP1	$lnpgdp1$	4462	9.0183	1.2761	5.6545	11.9453
人均 GDP2	$lnpgdp2$	4587	8.6188	1.5731	5.2471	12.1862
人均 GDP3	$lnpgdp3$	4556	8.3276	1.6671	4.5559	12.1517
人均 GDP 的泰尔指数	$pgdp\_theil$	4587	0.8085	0.0373	0.6981	0.8644
GVC 参与度对数	$lngvc$	4587	−0.7331	0.2714	−1.5262	−0.0606
全要素生产率	tfp	2977	0.6619	0.2950	0.0539	2.4552
人力资本	hc	3638	2.4427	0.6930	1.0570	3.9742
金融发展水平	fin_pri	3873	0.4556	0.4524	0.0023	9.0638
城镇化率	$cityratio$	4427	0.5836	0.2360	0.0542	1
税收政策	tax	2629	0.2415	0.1341	−0.0135	0.7954
对自然资源的依赖度	$resdep$	4369	0.0670	0.1053	0	0.8645

图 3.5 通过散点图绘制了 GVC 参与度与国家间收入差距的关系。整体来看，二者呈现明显的负相关关系，即一国参与全球价值链程度越高，国家间收入差距越低。

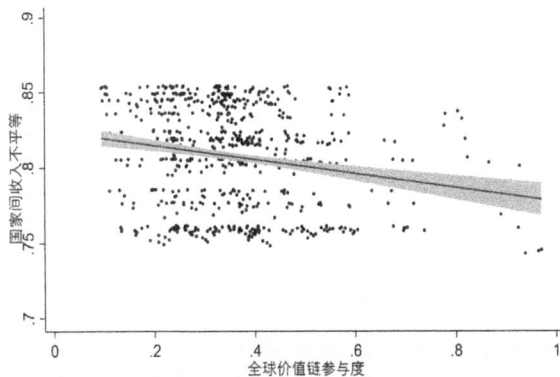

图 3.5 全球价值链参与度与国家间收入不平等关系

第四节　实证结果与分析

3.4.1　基准回归结果

首先，本书基于模型（3.15）使用各国人均 GDP 作为被解释变量，使用 GVC 作为核心解释变量进行回归，得到的结果在表 3.2 中报告。基于回归结果，可知无论使用名义 GDP 还是实际 GDP 作为收入水平的衡量方法，一国参与 GVC 程度的提升将会对其收入水平产生正向显著影响，这与本章理论分析中的假说 1 是一致的。表明一国参与全球价值链分工产生的销售规模效应以及各环节成本最小换对成本的降低共同作用下提高了国家的收入水平。此外，与变量说明中的理论分析一致，一国的技术水平提升、人力资本提升、金融发展水平提高、城镇化率提高以及所得税、利润税和资本收益税占总税收比重提高均会对经济增长产生显著正向影响，而对自然资源的依赖不能成为经济增长的持久动力，甚至会对经济增长产生负面影响。

表 3.2　GVC 参与度对各国收入水平的影响

	（1）	（2）	（3）	（4）	（5）	（6）
	*lnpgdp*1	*lnpgdp*2	*lnpgdp*3	*lnpgdp*1	*lnpgdp*2	*lnpgdp*3
lngvc	1.3257***	1.9116***	1.7844***	0.2390***	0.4696***	0.3979***
	（20.019）	（23.369）	（21.023）	（6.669）	（10.458）	（8.196）
tfp				1.2204***	1.4334***	1.5214***
				（32.690）	（30.646）	（30.124）
hc				0.5309***	0.7497***	0.7108***
				（26.764）	（30.163）	（26.456）
fin_pri				0.0040***	0.0067***	0.0076***
				（15.873）	（21.121）	（22.286）

续表

	（1）	（2）	（3）	（4）	（5）	（6）
	*lnpgdp*1	*lnpgdp*2	*lnpgdp*3	*lnpgdp*1	*lnpgdp*2	*lnpgdp*3
cityratio				1.8378***	2.3409***	2.4119***
				（32.221）	（32.756）	（31.287）
tax				0.0012*	0.0060***	0.0061***
				（1.763）	（6.837）	（6.406）
resdep				0.0036***	−0.0010	−0.0073***
				（2.874）	（−0.644）	（−4.249）
国家 FE	否	否	否	否	否	否
年份 FE	是	是	是	是	是	是
N	4469	4588	4673	1964	1964	1965
adj. R^2	0.147	0.114	0.149	0.860	0.874	0.872

注：括号内的值为 t 统计量，***、** 和 * 分别表示在 1%、5% 和 10% 水平上显著。

其次，为验证假说 2，考察一国参与全球价值链分工对国家间收入不平等程度的影响。本书使用除去本国外其他国家的收入不平等程度作为被解释变量，使用一国参与全球价值链的程度作为核心解释变量进行分析。由上表 3.2 的回归结果可知，一国参与全球价值链分工会引起本国收入水平的提高，但理论分析表明，由于不同国家原本的技术水平、贸易成本等因素不同，导致 GVC 引起的各国收入水平变化程度不尽一致，从而导致国家间不平等程度的变化。为此，本书基于方程（3.16）进行回归，回归结果在表 3.3 中报告。

表 3.3　GVC 参与度对全球不平等的影响

	（1）	（2）	（3）	（4）
lngvc	−0.0191***	−0.1376***	−0.0099***	−0.0240***
	（−9.683）	（−31.426）	（−3.171）	（−5.442）
tfp			0.0123***	−0.0106***
			（3.771）	（−2.991）

	（1）	（2）	（3）	（4）
hc			−0.0088***	−0.1148***
			（−5.119）	（−26.806）
fin_pri			−0.0001***	−0.0002***
			（−5.646）	（−9.675）
cityratio			0.0213***	−0.2003***
			（4.228）	（−9.958）
tax			0.0001	−0.0001
			（1.556）	（−0.568）
resdep			−0.0009***	−0.0003
			（−8.144）	（−1.583）
国家 FE	否	是	否	是
年份 FE	否	否	否	否
N	4588	4586	1964	1964
adj. R^2	0.020	0.180	0.070	0.659

注：括号内的值为 t 统计量，***、** 和 * 分别表示在 1%、5% 和 10% 水平上显著。

由表 3.3 中的回归结果可知，一国参与 GVC 程度的提升会降低其他国家的国家间收入不平等程度，这一结论针对全样本而言是显著且稳健的，其背后的原因可能是不同国家参与 GVC 会引起贸易利益在全球更大程度的均等分配，在此过程中发展中国家受益更多引起了全球不平等程度的下降，即对全球不平等有熨平的作用。以上结论的得出与理论分析部分也是一致的：全球价值链分工格局下，一国从封闭状态到开放国内的福利会发生变化，但其变化程度并非对所有国家一致。同时，这一结论与 Antràs 和 de Gortari（2020）数值模拟得到的结论也是相似的，即原本贸易成本越高、技术水平越差的国家，在参与 GVC 之后获得的贸易利益提升越高，或从参与全球价值链分工到不参与全球价值链分工，其损失的利益是更多的。

以上基准回归结果可以表明，全球价值链分工会提升各个国家的收入水平，但由于对不同国家收入水平提高的程度不尽一致，会导致国家间收入差距的缩小，其可能的原因是全球价值链分工对原本低收入国家的分配利益更多。关于这一猜测，后文将进行进一步的实证检验。

3.4.2　内生性分析

一国参与全球价值链分工的程度会引起国内收入水平的提高，但同时收入水平的提高可能也会反向作用到一国参与全球价值链分工的程度。因此，有必要考虑反向因果问题引起的内生性。但是一国参与全球收入不平等的程度对一国参与全球价值链分工程度的反向作用十分有限，其逆向因果程度较低。但为了避免潜在的内生性，本书针对基准结果进行内生性分析，主要使用两种方法：第一，使用全球价值链滞后一期作为工具变量，使用两阶段最小二乘法进行回归；第二，使用全球价值链参与度的滞后一期作为解释变量进行回归。回归结果在表 3.4 中报告，第（1）—（2）列使用全球价值链参与度的滞后一期作为工具变量，结果显示，一国参与全球价值链依然会显著提升国内收入水平，并降低国家间收入不平等水平，且 Kleibergen-Paap rk LM 和 Kleibergen-Paap Wald rk F 检验拒绝了工具变量识别不足与弱识别的原假设，表明选取的工具变量是合理的。第（3）—（4）列使用全球价值链参与度的滞后一期作为解释变量后，本书的结论依然稳健，即一国积极参与全球价值链分工会对本国的实际人均 GDP 提升产生促进作用，对国家间收入不平等降低有显著促进作用。

表 3.4　内生性分析

	（1）	（2）	（3）	（4）
	lnpgdp2	*pgdp_theil*	*lnpgdp2*	*pgdp_theil*
lngvc	0.5420***	−0.2325***		
	（10.389）	（−32.981）		
L1.lngvc			0.4746***	−0.1529***
			（10.395）	（−35.620）
Kleibergen–Paap rk LM 统计量	1444.839***	2074.671***		
Kleibergen–Paap rk Wald F 统计量	6089.793	3770.067		
	{16.38}	{16.38}		
控制变量	是	否	是	否
年份 FE	是	否	是	否
国家 FE	否	是	否	是
N	1884	4414	1884	4414
adj. R^2	0.870	0.067	0.872	0.226

注：Kleibergen–Paap 统计量中 {} 内数值为 Stock–Yogo 检验 10% 水平上的临界值，（）内的值为 t 统计量，***、** 和 * 分别表示在 1%、5% 和 10% 水平上显著。

3.4.3 稳健性分析

前文中关于模型（3.15）的稳健性分析主要使用了更换指标的方法进行，表 3.2 中使用三种人均 GDP 的度量方法衡量全球价值链分工对各国人均收入的影响。这里我们将对模型（3.16）使用更换被解释变量度量方法进行稳健性分析。

自工业革命至 20 世纪 90 年代，世界长期处于"南北分流"状态。而全球价值链兴起之后新兴市场和发展中国家的群体性崛起已成为"大分流"转向"大趋同"的转折点。因此，发达经济体 GDP 比重（发展中国家 GDP 的比重）也可以作为全球不平等程度的重要衡量指标。可以认为，发达经济体 GDP 比重的下降（发展中国家 GDP 比重的上升）表示在世界收入中发展中国家、新兴经济体的崛起使这部分国家分享到更多的全球化红利，世界收入不平等程度在下降。因此，我们将各国占全球 GDP 的比重作为衡量国家间收入不平等的被解释变量，考察发展中国家与发达国家参与全球价值链分工对这一指标的影响。回归结果在表 3.5 中报告。

表 3.5　稳健性分析

	（1）	（2）	（3）
	gdpratio	*gdpratio*	*gdpratio*
lngvc	−0.0858***	−0.0872***	−0.0066***
	（−35.354）	（−35.517）	（−8.026）
*lngvc*developping*	0.0856***	0.0856***	0.0121***
	（30.650）	（30.571）	（12.240）
developping	0.0261***	0.0257***	
	（14.497）	（14.208）	
国家 FE	否	否	是
年份 FE	否	是	是
N	4184	4184	4183
adj. R^2	0.306	0.305	0.979

注：括号内的值为 t 统计量，***、** 和 * 分别表示在 1%、5% 和 10% 水平上显著。

表 3.5 中，变量全球价值链参与度与发展中国家虚拟变量的交乘项回归系数显著为正，这表明与发达国家相比，发展中国家参与全球价值链分工对该国占全球 GDP 比重的提升程度更高，而发展中国家经济总量的提升正是国家间收入水平差距降低的表现，因此表 3.5 的回归结果也再次印证了本书的假说 2，即一国参与全球价值链分工会带来国家间收入差距的降低。

3.4.4　异质性分析

在前文的分析中，假说 1 认为参与全球价值链分工会提高所有国家的收入水平，那么收入不平等的变化即来源于对不同国家产生的异质性影响。在理论假设 2 中，我们得出结论，一国收入水平提升程度的大小与其本国原本的技术水平与贸易成本相关。由于发达国家整体贸易成本以及技术水平高于发展中国家，因此，为考察全球价值链分工对不同类型国家的影响，我们按照国际货币基金组织（IMF）的分类，将国家样本分为发达国家和发展中国家，考察全球价值链分工对这两类国家收入水平提高的异质性影响。

具体来说，在模型（3.15）中加入发展中国家虚拟变量与全球价值链参与度的交叉项及各自单独项，以发达国家为基准，考察一国参与全球价值链分工对两种国家收入的异质性影响，其回归结果在表 3.6 中报告。由表 3.6 中的结果可知，全球价值链参与度与发展中国家虚拟变量的交互项回归系数显著为正。这一结论表明，与发达国家相比，发展中国家参与全球价值链分工对国内人均 GDP 的影响弹性更大，换言之，伴随着全球价值链分工模式的诞生，原本技术水平较低、贸易成本较高的发展中国家通过参与全球价值链分工对收入水平提升的弹性更大，从而降低了两类国家的收入差距。

表 3.6　GVC 参与度对人均 GDP 影响的异质性分析

	（1）	（2）	（3）
	*lnpgdp*1	*lnpgdp*2	*lnpgdp*3
lngvc	−0.0403	−0.2624*	−0.4032***
	（−0.333）	（−1.912）	（−2.903）
lngvc*developping	0.2969**	0.7139***	0.7009***
	（2.151）	（4.562）	（4.423）
developping	−1.4730***	−1.9684***	−2.1137***
	（−16.549）	（−19.505）	（−20.727）
国家 FE	否	否	否
年份 FE	否	是	是
N	4380	4382	4417
adj. R^2	0.407	0.485	0.529

注：括号内的值为 t 统计量，***、** 和 * 分别表示在 1%、5% 和 10% 水平上显著。

接着，为了考察发达国家和发展中国家参与全球价值链对国家间收入不平等的异质性影响，我们在模型（3.16）中引入全球价值链参与度与发展中国家虚拟变量的交乘项，回归结果在表 3.7 中报告。由回归结果可知，价值链参与度与发展中国家虚拟变量的交乘项回归系数显著为正，表明与发达国家相比，发展中国家参与全球价值链对国家间收入差距的降低作用更大。这一结论也包含了重要的政策含义：积极挖掘发展中国家的增长潜力，促进其积极参与全球价值链将为人类命运共同体的建设做出重要贡献。

表 3.7　GVC 参与度对国家间收入差距的异质性分析

	（1）	（2）
	pgdp_theil	*pgdp_theil*
lngvc	−0.0009***	−0.0005**
	（−5.227）	（−2.502）
*lngvc*developing*	0.0017***	0.0023***
	（8.130）	（7.249）
控制变量	否	是
国家 FE	是	是
年份 FE	是	是
N	4381	1943
adj. R^2	0.9996	0.9996

注：括号内的值为 t 统计量，***、** 和 * 分别表示在 1%、5% 和 10% 水平上显著。

3.4.5　对实证结果的分析

经过以上较为详细的讨论，我们初步验证了理论分析提出的假说 1 与假说 2，即一国参与全球价值链分工会带来各国收入水平的提高，但相比于发达国家而言，这一影响对发展中国家的影响程度更大，因此世界范围内的全球价值分工降低了世界各国之间的收入差距。发展中国家已经深度嵌入全球价值链，2011 年其参与全球价值链分工的平均水平已达到 33%（Kummritz 和 Quast，2017），全球价值链是生产分工链与销售链，同时也是技术传播链。在发达国家主导的全球价值链中，发展中国家通过积极参与生产环节大大提升了其生产率、产出以及就业，也进一步为其本身带来了创新的机会（De Marchi，2018）。而对于发达国家而言，也并非仅仅是技术的外溢者，其布局全球价值链的过程也通过在世界范围内寻找成本最小的各个环节，为最终产品的生产带来了最低的价格以及市场规模的扩张并从中获益。因此，式（3.13）和式（3.14）表达的含义也正是如此，一国收益的变化取决于其原有技术水平与贸易成本，技术水平越低的国家，受到的技术外溢效应越高，收入水平提升程度越高；原本贸易成本越高的国家，更容易受全球价值链的影响并获得收益。笔者认为技术传播导致国家间技术差异的趋同也是导致国家间收入差距缩小的主要机制。第五节将对这一机制进行详细分析与解释。

第五节 影响机制分析

3.5.1 中介效应模型

本节通过检验全球价值链分工对技术进步产生的影响以探讨其收入变化的原因。一般认为，一国的技术水平是决定其收入水平的最重要因素。因此在这里的分析中，我们将考察一国参与全球价值链分工对本国技术水平以及别国技术水平差异的影响。

首先，本书使用中介效应模型考察一国参与全球价值链分工影响国内收入水平的机制。依照模型（3.17）—（3.19）进行回归，其回归结果在表 3.8 中报告。由于按照购买力平价 PPP 计算的人均 GDP（现价美元）（$pgdp1$）与人均 GDP（现价美元）（$pgdp3$）均可以表示名义人均 GDP，且前文基于两个指标得出的定性结论是一致的，因此为了保证结论的简洁，下文将主要使用 $pgdp2$ 与 $pgdp3$ 作为被解释变量进行分析。

$$pgdp_{jt} = \beta_0 + \beta_1 gvc_{jt} + X_{jt} + \mu_j + \mu_t + \varepsilon_{jt} \qquad （3.17）$$

$$tfp_{jt} = \beta_0 + \beta_1 gvc_{jt} + X_{jt} + \mu_j + \mu_t + \varepsilon_{jt} \qquad （3.18）$$

$$pgdp_{jt} = \beta_0 + \beta_1 gvc_{jt} + \beta_t tfp_{jt} + X_{jt} + \mu_j + \mu_t + \varepsilon_{jt} \qquad （3.19）$$

在表 3.8 中，第（3）列中全球价值链参与度的回归系数小于第（1）列，第（6）列中全球价值链的回归系数小于第（4）列，且第（2）、（5）列回归系数为正，通过这一实证分析，可以认为一国参与全球价值链分工会对本国的技术进步有促进作用，从而对国内人均 GDP 的提升有显著的正向影响。

表 3.8　全球价值链参与度对收入水平影响的机制分析

	（1）	（2）	（3）	（4）	（5）	（6）
	$lnpgdp2$	tfp	$lnpgdp2$	$lnpgdp3$	tfp	$lnpgdp3$
$lngvc$	0.5087***	0.0274	0.4696***	0.4373***	0.0274	0.3979***
	（9.299）	（1.248）	（10.458）	（7.433）	（1.248）	（8.196）
tfp			1.4334***			1.5214***
			（30.646）			（30.124）
hc	0.7357***	−0.0087	0.7497***	0.6978***	−0.0087	0.7108***
	（24.288）	（−0.711）	（30.163）	（21.430）	（−0.711）	（26.456）
fin_pri	0.0085***	0.0013***	0.0067***	0.0096***	0.0013***	0.0076***
	（22.490）	（8.493）	（21.121）	（23.515）	（8.493）	（22.286）
$cityratio$	3.0761***	0.5186***	2.3409***	3.1845***	0.5186***	2.4119***
	（37.487）	（15.796）	（32.756）	（36.138）	（15.796）	（31.287）

续表

	（1）	（2）	（3）	（4）	（5）	（6）
	lnpgdp2	*tfp*	*lnpgdp2*	*lnpgdp3*	*tfp*	*lnpgdp3*
tax	0.0071***	0.0007	0.0060***	0.0073***	0.0007	0.0061***
	（6.646）	（1.583）	（6.837）	（6.360）	（1.583）	（6.406）
resdep	−0.0011	0.0005	−0.0010	−0.0074***	0.0005	−0.0073***
	（−0.590）	（0.650）	（−0.644）	（−3.579）	（0.650）	（−4.249）
国家 FE	否	否	否	否	否	否
年份 FE	是	是	是	是	是	是
N	1964	1968	1964	1965	1968	1965
adj. R^2	0.812	0.244	0.874	0.811	0.244	0.872

注：括号内的值为 t 统计量，***、** 和 * 分别表示在 1%、5% 和 10% 水平上显著。

其次，为了考察一国参与全球价值链分工对各国收入差距产生影响的原因，本书将各国技术水平差异作为被解释变量，依据模型（3.20）进行分析，回归结果在表 3.9 中报告。

$$tfp\_theil_{-j,t} = \beta_0 + \beta_1 gvc_{jt} + X_{jt} + \mu_j + \mu_t + \varepsilon_{jt} \qquad （3.20）$$

表 3.9 中 GVC 参与度的回归系数显著为负，表明一国参与全球价值链分工通过技术溢出效应以及传播效应，降低了国家之间的技术水平差异。再结合表 3.8 中的回归结果，可以得出技术水平和收入水平显著正相关的结论，因此各国技术差异的降低也同时导致了各国收入差距的降低。

表 3.9　全球价值链参与度对技术水平差异的影响

	（1）	（2）	（3）	（4）
	tfp_theil	*tfp_theil*	*tfp_theil*	*tfp_theil*
lngvc	−0.0139***	−0.0938***	−0.0065***	−0.0220***
	（−6.331）	（−19.570）	（−2.909）	（−5.969）
tfp			0.0020	−0.0136***
			（0.888）	（−4.673）

续表

	（1）	（2）	（3）	（4）
	tfp_theil	*tfp_theil*	*tfp_theil*	*tfp_theil*
hc			−0.0059***	−0.0691***
			（−4.817）	（−19.227）
fin_pri			−0.0001***	−0.0002***
			（−6.171）	（−8.804）
cityratio			0.0123***	−0.1164***
			（3.441）	（−6.897）
tax			0.0000	−0.0000
			（0.851）	（−0.276）
resdep			−0.0007***	−0.0005***
			（−8.678）	（−3.779）
N	3171	3109	1968	1968
adj. R^2	0.012	0.082	0.070	0.527

注：括号内的值为 t 统计量，***、** 和 * 分别表示在 1%、5% 和 10% 水平上显著。

3.5.2　对影响机制的分析

依据上文的机制分析，可以认为全球价值链分工对收入水平产生影响的过程中，技术水平的变化是重要影响机制。事实上，全球价值链分工模式将众多参与国串联起来，各国在生产、消费全球制造的产品过程正是技术外溢的过程，资本的全球逐利也伴随着技术的全球传播。随着 RCEP、CPTPP、NAFTA 等自由贸易协定的签署，种种贸易便利化的政策将助推中间品以及其他生产要素在各国之间的流动，无疑会对全球共享各国技术红利提供更加自由、便利的条件。当然，在这一背景下，各国对知识产权的保护以及强调在贸易协议中达到了空前的高度，这也将成为激励各国面向全球广阔市场时，通过加大科技创新与研发水平以提高本国收入水平的重要政策措施。

在探讨全球价值链分工引起收入不平等程度降低后，分析降低收入不平等的具体方法是十分重要的思考。本书认为一国积极参与全球价值链是提高各国自身收入水平的重要途径，尤其是针对发展中国家而言，全球价值链分工对其收入水平提高程度更加显著。尽管发达国家的技术水平提高程度较低，但其面临的更广阔市场也为其人均 GDP 带来了正的净效应，因此可以理解全球价值链分工对两类国家的收入均产生了正面促进作用，而且降低了世界各国之间的不平等，对促进包容、普惠、共赢的世界起到了积极作用。因此，在未来的全球化发展中，通过贸易协定的签署、加强多边贸易、高质量发展"一带一路"对降低各国的要素进入壁垒，促进全球价值链的高质量发展，实现资本、劳动、资金等要素在各国流动的便利化，将更加有利于技术在各国的广泛传播，熨平国家间的技术差异以及收入差异。但与此同时，技术的广泛传播不代表技术的平均分配，因而在新一轮的全球治理与国际经贸规则中，也应将对知识产权和技术的保护放在重要位置，推动全球技术的进步。

第六节　本章小结

国家间收入差距是全球收入不平等中的重要解释部分。本书将全球价值链的碎片化生产模式模型化，分析一国参与全球价值链分工对本国收入水平以及国家间收入不平等的影响，并使用 Eora MRIO 数据进行实证分析。得到的主要结论包括：第一，一国参与全球价值链分工会对其收入水平有显著的正向促进作用；第二，不同国家参与全球价值链分工为其带来的收入水平变化不尽一致，与发达国家相比，发展中国家参与全球价值链分工会获得更高的收入水平提升，进而降低了国家间收入不平等；第三，技术进步是一国参与全球价值链分工影响其收入水平的重要渠道；第四，各国积极参与全球价值链分工会降低国家间技术水平差异，进而促进国家间收入水平差异的降低。

全球收入不平等指全球个人之间的收入差异，以国家为单位进行分组时，可以分为国家间收入不平等和国内收入不平等。因此，对国家间收入不平等的分析是全面分析全球不平等的重要组成部分。本书的结论回答了全球价值链为什么能降低国家间收入不平等的问题，其主要原因在于碎片化生产模式在串联全球各国的同时，为各国提供了技术溢出与传播的渠道，在同时提高各国收入水平的同时降低了国家间收入差距，对于推动包容、共赢、互利的全球经济发展以及人类命运共同体构建起到了积极的作用。为此，依据本书的研究结论可以得出的政策启示包括：第一，通过建设更高水平开放型经济新体制，推动"一带一路"高质量发展，积极参与全球价值链分工，将对我国提高本国技术水平以及收入水平起到积极作用，为"双循环"发展赋予动能。第二，积极参与全球价值链将会对降低国家间收入水平起到积极作用。我国应逐步实现技术水平的提升，完成从全球价值链的参与者到全球价值链的主导者角色的转变，为降低全球国家间收入不平等贡献力量。第三，在新的全球治理体系与国际经贸规则中，应强调对技术的保护，只有更为安全的知识产权保护才能促使技术研发的主体将生产产品投放于国际市场，促进全球价值链的更高质量发展。

第四章　全球价值链与国内收入差距
——基于跨国经验的分析

国内收入差距与国家间收入差距是全球收入不平等的两个组成部分，前一章已系统考察了全球价值链参与度对国家间收入不平等的影响，为全面分析全球价值链对收入分配格局的影响，本章将继续基于跨国数据，探究一国参与全球价值链对国内收入差距的影响。

第一节　引言

收入不平等问题日益受到经济学界的重视。该问题在全球经济论坛上得到探讨，它与联合国千年发展目标的实现密切相关。2019年7月4日，国际劳工组织（International Labor Organization，简称ILO）发布报告指出，在过去15年内，世界各国的高收入者薪酬在国民收入中的比重有所上涨，10%高收入群体挣得全球近一半的劳动收入①。这种过多的收入集中在较少部分人群中的社会现象日益明显，表明当前社会的不平等程度日益严峻。同时，依据世界收入不平等数据库可知，

---

① 信息来源：*https：//www.ilo.org/global/about-the-ilo/newsroom/news/WCMS_712234/lang--en/index.htm.*

多数重要经济体国内的基尼系数在过去三十多年中呈递增态势。长期较高的国内收入不平等水平不仅不利于经济的可持续增长，同时也可能会产生社会问题，引起低收入人群的不满与社会的动荡。那么，国内收入不平等为何在全球范围内呈现递增的趋势，影响因素有哪些？

与收入不平等同步进行的还有国际分工的广泛布局。自 2010 年以来，全球贸易中约有 60% 来自中间商品和服务贸易（UNCTAD，2013）[①]。全球价值链国际分工大大提升了生产效率，成为经济增长的重要引擎。但与此同时，也有社会观点和部分学者认为由于贸易的全球布局对特定要素的专业化需求为特定要素带来了更多的收益，不仅未将收益平均分配，甚至推动了国内财富和收入更加集聚于少部分人群，导致收入分配的恶化。

收入分配的恶化不仅仅是经济问题，也是值得政府与学者关注的社会问题。例如，在日趋严重的全球收入分配形势中，已有部分国家发出"逆全球化"的呼声，认为经济全球化是导致收入分配恶化的重要原因（盛斌和黎峰，2020）。以美国为例，美国政府认为全球化进程，尤其是来自中国的进口为美国带来的冲击（China shock）致使国内制造业岗位大量流失并导致收入分配日益恶化（David 等，2015）。因此从特朗普政府到拜登政府，均提出了"美国优先"的理念，通过加强"美国制造"（Made in America）计划、制定贸易保护政策等措施以恢复国内生产链的完整，从而保证中产阶级和工人利益，那么这样的政策是否有其理论和事实依据？

从理论上讲，全球化能够优化资源配置，促进经济增长，带来全

[①] 资料来源：UNCTAD，*World Investment Report* 2013：*Global Value Chains，Investment and Trade for Development*.

球化红利。所以"逆全球化"问题显然不是出在效率层面，而是出在红利的分配层面（万广华和朱美华，2020）。而后者涉及通过全球化将利益在国家之间与国家内部的分配问题。如果每个人、每个国家和地区都能平等地享受全球化红利，则不可能出现逆全球化浪潮。显然，全球化并没有实现让所有的参与者达到自己期待的收入变化，且感受到了越来越大的收入差距。同时，由于人们往往更容易将自己的处境与身边环境进行比较，所以会对国内收入差距显得敏感。在如此国际背景下，全球化与国内收入差距的关系十分值得深究。全球化是否会对国内收入差距产生影响，如果会，在多大程度上产生影响？对后者的思考与前者是同等重要的，因为只有厘清每种导致收入分配发生变化因素的作用才能更准确地量化每种变量的角色，为解读当前的经济局势提供合理的理论依据。

事实上，关于国内收入分配影响因素的研究已较为丰富，就现有文献而言，其分析视角主要包括：有偏技术进步（如 Violante，2008；Acemoglu 1998；Krusell 等，2000； 董直庆等，2014）、人力资本建设（如徐舒，2010）、全球化与贸易（Feenstra 和 Hanson，1996；Costinot，2012）、过度金融、国家税收政策等制度水平。与之相对应，《2018 年世界不平等报告》从以下几个方面给出降低收入不平等的政策建议，包括：促进所得税、遗产税等税收政策的改革；鼓励建立全球金融资产实名注册制度；改革教育政策，增加受教育机会的平等性；通过在公司管理层中设置工人代表，设立合理的最低工资等。但这类文献的共同特征是主要以单一因素为考察对象，重点分析某一种经济因素或政策因素对收入分配的影响，并在此基础上提出兼顾公平与效率的政策建议。但是，就政策实施层面而言，如此结论是不充足的，因为对于政策制定者而言，不仅需要关注制定某项政策能否对经济结果变量产生影响，也需要了解政策制定对结果影响程度的大小，从而进一步揭开收入分配问题的全部面纱。本书将在已有文献的基础上，采用 Shapley 分解法对以上重要变量的贡献度进行考察，明晰收入差距影响因素的相对重要性。

以与本书最为相关的全球化与贸易视角文献为例，第二章的文献综述梳理了已有文献中提及的全球化对国内收入分配产生的影响。国内不平等有不同技能劳动之间的差异，也包括经营主体之间的差异，且后者逐步发挥更重要的作用（Song 等，2018；Alvarez 等，2018）。首先，不同类型劳动之间的技能溢价是收入不平等的构成部分，当其加总至中观层面成为地区间收入不平等、行业间收入不平等、国内整体收入不平等的重要组成部分。其次，贸易以及全球化会通过促进资源重新配置，在市场力量的推动下使企业规模分布发生变化（盛斌和毛其淋，2015），使不同个体之间收入产生差异。拥有生产成本优势、产品优势的企业通过参与国际市场一方面会面临更广阔的消费市场，产生规模效应；另一方面，通过进口价格更低、更多样的中间品也有助于提升企业的竞争优势。在全球价值链分工模式下，具有比较优势的生产主体以及要素会通过规模效应、市场竞争效应可以获得更多收益，与之对应，一国不具有比较优势的生产主体以及要素获得的利益则相对较少，因此国内不同主体以及不同要素之间的收入差距会在全球价值链专业化分工背景下发生变化。

在以上两种机制的共同作用下形成了国内不平等，即国内收入不平等为企业内不同劳动收入水平的差异与不同企业间收入水平的差异之和。按照研究结论的不同，可以将相关文献分为三类：第一类文献认为贸易和全球化是国内不平等产生的重要原因（如 Autor 等，2013；Autor 等，2015；Ma 和 Ruzic，2020）；第二类文献得出了不完全一致的结论，例如许多经济学家认为全球化和贸易对收入不平等存在影响但并不十分重要（如 Helpman 等，2016；Feenstra 和 Hanson，1999）；第三类文献则有相反的结论，认为贸易自由化会降低国内收入不平等（如 Florence Jaumotte 等，2013）。但不论以上文献的结论如何，其中暗含的假设或用于度量全球化的变量大多是基于传统贸易衡量一国的对外开放程度。然而在全球价值链分工模式将世界各国囊括其中，均可依靠自身比较优势参与国际贸易的背景下，以上传统理论是否会受到冲击？国内资源配置方式是否会有新的改变？对于以上问题回答是一国考虑自身对外政策的必要借鉴。因此，基于全球价值链背景考察全球化对国内收入差距的影响具有理论意义和现实意义。

与既有文献相比，本书最重要的推进在于两方面：第一，已有基于贸易及全球化视角探讨收入不平等的文献中，大多采用离岸水平、贸易开放度、投资额指标衡量一国参与全球化的程度，而本书使用全球价值链测算指标体系刻画一国的全球化参与度。新的体系可以将国际分工模式纳入考虑，从而更准确地度量一国参与全球化的程度。第二，与大多着眼某一要素考察其对收入分配影响的文献不同，本书较为系统地考察这些重要影响因素对收入分配影响作用的相对大小，这有助于更加全面地对收入分配问题进行理解，对于政策制定者而言更能准确地制定适合国情的政策。另外，本书按照国家的类型不同进行了详细的分样本讨论，意在为不同国家的收入分配提出各自具有异质性的原因。

本章余下内容的结构安排如下：第二节为理论分析；第三节为计

量模型设定、指标测度与数据说明；第四节为实证分结果与分析；第五节为拓展性研究；第六节为本章小结。

第二节　理论分析

4.2.1 最终品贸易对国内收入分配产生的影响

最早关于全球化对收入分配影响研究的文献基于比较优势理论与S-S理论，其分析主要是基于最终品贸易的背景，结论认为：一国具有比较优势的行业会增加出口、扩大产量，进而提升对丰裕要素的需求，提升其收入水平；相反，不具有比较优势的行业产量则会以进口为主，产量降低，进而降低对稀缺要素的需求，从而降低其收入水平。因此，在最终品贸易的过程中，出口部门的收入水平提高，进口部门的收入水平降低。在较长一段时间中，高收入的发达经济体具有完整的产业链，当国家内部将产品完整生产并销售至全球范围，其具有比较优势的高技能劳动、资本要素会通过市场扩张获得较高的收益。相反，其不具有比较优势的中低技能劳动要素收入水平则会降低，因此贸易开放提高了高收入国家的收入不平等程度。对于劳动要素具有比较优势的中低收入国家而言，贸易开放程度的提高会提高其丰裕要素的收入，从而降低国内收入差距的水平。

在最终品贸易模式下，具有完整生产链的国家会在国际贸易的放大作用下，促进大型跨国企业的形成并将其采购、销售网络遍布全球，推动巨头企业（superstar firm）以及高生产率的形成。此后，大规模企业为了继续提升其生产率，会通过雇用更高水平的技能劳动和高知识密集度要素提升其生产率（Autor 等，2020），同时产生了不同要素之间的收入差异以及生产者规模变化引起的资源重置效应，使更多的收入集中于更少数人的手中，导致国内收入不平等程度加大。

4.2.2 全球价值链对国内收入差距产生的影响

在上一小节分析最终品贸易对收入分配的影响之后，本小节将基于全球价值链分工背景分析现有的全球价值链分工模式对国内收入差距的影响。首先，明确两种贸易模式的区别十分重要。在传统国际贸易模式下，每个生产环节均由一国完成，各国的产业链形成将同时包含自身比较优势部门与比较劣势部门，在形成最终品后对不同要素的收益均有分配。因此，对于具有完整产业链的发达国家而言，在传统国际贸易模式下，其不具有比较优势的低技能劳动仍会有较高的收益分成，而对于以进口最终品为主的发展中国家而言，其获得的贸易利益较低，国内收入分配主要取决于国内企业生产时技术水平不一而带来的差异。而全球价值链分工背景下，产品的可分割性整合了全球生产要素，使得生产格局和销售格局都发生了重要变化，发达国家可以将部分自身不具有比较优势的生产环节外包，降低对国内本不具有比较优势的非技能劳动需求，同时进一步通过扩张销量形成更大规模的跨国公司，极大地发挥其比较优势部门的优势，带来乘数倍的收益。相比之下，原本中低收入的发展中国家可能会有相反的结果。为此，本节重点分析，国家—行业参与全球价值链如何对国内收入分配产生影响，其主要渠道包括：市场扩张效应、促竞争效应、学习合作效应，具体分析如下：

第一，市场扩张效应。全球价值链分工带来的利益主要是规模经济利益和专业化利益（Los 等，2015；盛斌等，2020）。参与全球价值链的国家—行业会面对更大的市场，市场规模效应有助于充分放大参与全球价值链行业的比较优势，实现规模经济（Feder，1983），但对于未参与全球价值链的行业来说，其规模效应较弱，进而扩大了国内参与全球价值链与不参与全球价值链主体的收入差距。一方面，规模及生产率较低的企业因难以克服出口成本参与全球价值链能力较弱，而大规模及高生产率的企业参与全球价值链程度较高。因此，市场扩张效应会引起高生产率企业及其要素拥有者获得更多收益，促使收益向少数大企业集聚，加速收入不平等的形成。另一方面，从地区层面讲，全球价值链的市场扩张效应会通过吸引要素流动影响产业集聚（刘志彪和张少军，2008），引起地区间的收入差距。

第二，促竞争效应（pro-competitive effect）。参与全球价值链的国家—行业面临更激烈的国际市场竞争，通过世界范围内的竞争将激励全球价值链参与国家—行业通过实现自身技术进步、更换机器设备、优化生产流程、调整产品结构、提高劳动者素质等方式提高自身产品质量与生产率，以在国际市场中满足更多消费者的需求，进而获得更高的市场份额与收益。在这条机制中，生产率的提升并非中性，可能会偏向不同的技能劳动与生产要素。另外，在促竞争效应的作用下，只有少部分企业可以成长为大企业，其余企业可能会缩小规模或退出市场，这也正是国际贸易发挥资源配置的重要渠道（Melitz，2003）。因此，促竞争效应导致更多的要素收益集中于少部分生产主体及要素拥有者，进而扩大国内收入差距。

第三，学习合作效应。从中间品来源侧而言，参与全球价值链的国家—行业一方面可以接触更先进的生产工艺，获得性价比更高、更加多样的中间产品，从而以较低成本进入国际市场并从中学习先进的生产技术和管理经验；另一方面，从产品生产的销售侧来说，参与全球价值链的国家—行业面临更广的消费市场，不同市场需求之间的互补性与多样性会降低参与主体面临的风险，进而增强其科研投入。（Bernard 和 Jensen，1999；Francoise 和 Deniz，2004）同样，学习合作效应会使规模较大的主体更容易发挥其比较优势，成长为更大的企业，而大多数主体仅能分享较少部分的收益。因此，学习合作效应导致更多的要素收益集中于少部分主体，进而扩大国内收入差距。

以上机制从市场扩张效应、促竞争效应以及学习合作效应分析了参与全球价值链引起要素收益集中于少部分主体的机制，当生产率提高引起的收益不能平均分配到所有参与主体而是有偏向性地集中于少部分生产率较高的企业、更容易实现规模扩张的资本要素、稀缺性更强的技能劳动要素中时，整个经济体会出现不同主体收入差距更大，少部分人拥有大部分收益的现象，即加剧了国内收入分配恶化。

通过以上理论分析，本书将提出待检验假说：

假说：全球价值链分工将通过市场扩张效应、促竞争效应以及学习合作效应将推动经济体中收益集中于少部分主体，提高国内收入不平等水平。

第三节　计量模型设定、指标测度与数据说明

4.3.1　计量模型设定

为考察一国参与全球价值链对国内收入差距的影响，本书构建计

量模型：

$$ineq_{ct} = \alpha_0 + \alpha_1 gvc_{ct} + \alpha X_{ct} + \mu_c + \mu_t + \varepsilon_{ct} \qquad （4.1）$$

其中下标 c 表示国家，t 表示时间，$ineq$ 为国内收入不平等变量，gvc 为一国的全球价值链参与度，X 向量表示国家层面影响国内收入差距的控制变量，包括技术进步、人力资本、金融发展水平等。μ_c、μ_t、ε_{ct} 分别表示国家固定效应、时间固定效应以及随机误差项。本书首先要关注 α_1 的符号，若 $\alpha_1>0$，表示国家 c 的全球价值链参与度提高会提升国内收入差距；若 $\alpha_1<0$，则意味着国家 c 的全球价值链参与度提高会降低国内收入差距。其次，本书也关注 X 向量中每个变量的回归系数，度量每个变量对收入不平等程度的影响程度。

4.3.2 指标测度与数据说明

4.3.2.1 被解释变量

世界收入不平等数据库提供了世界各国的收入不平等数据。衡量国内收入不平等的指标主要包括：Gini 系数（$gini$）、Atkinson 指数、泰尔指数以及比值类指数等。本书的研究主要关注国内收入差距，不再需要进行分组识别，因此，结合需要以及数据的可获得性，本书主要使用基尼系数作为被解释变量进行考察。Slot（2019）使用了贝叶斯估计方法，将来源于 OECD 收入分配数据库、拉丁美洲及加勒比海社会经济数据、欧盟统计局数据、世界银行数据库的数据进行标准化，形成了标准化的世界收入不平等数据库（Standardized World Income Inequality Database，SWIID），SWIID 最大化了关于收入不平等的数据。其中，$gini\_disp$ 衡量了家庭可支配收入（税后、转移支付之后）不平等程度，$gini\_mkt$ 衡量了家庭市场收入（税前、转移支付前）不平等。

4.3.2.2 解释变量

1. 全球化测度指标体系

（1）全球价值链参与度（*gvc*）：全球价值链参与度衡量了中间品生产、贸易为主的背景下国家—部门参与全球化的程度。本书的基准回归使用 Wang 等（2017a）基于产值与增加值分解测度的全球价值链参与度（*gvc*1）作为核心解释变量，在稳健性分析中使用 Koopman 等（2010）基于贸易流分解测度的全球价值链参与度（*gvc*2）作为解释变量进行分析。两种测度方法及经济学含义在第二章第一节中予以详细介绍，此处不再重复。

（2）贸易开放度（*open*）：使用货物贸易进出口额与 GDP 比衡量。与全球价值链参与度不同，贸易开放度中包含最终品的使用。在本书的回归中，将分别使用全球价值链参与度和贸易开放度作为核心解释变量，比较二者对国内收入不平等的影响。

2. 其他影响收入分配的因素

（1）有偏技术进步。技术进步被认为是导致 20 世纪 70 年代以来加剧收入不平等的最主要因素（Katz 和 Murphy，1992；Helpman，2016）。世界贸易组织（WTO）2017 年发布的《世界贸易报告》在分析技术进步对劳动力市场影响时，得出结论"工作场所中计算机的使用是改变技能劳动相对于非技能劳动工资水平的核心力量。"其中的机制为当前阶段的技术进步会引致对技能劳动相对更多的增加，对非技能、常规劳动需求的增加相对较少。

同时已有文献也阐述了有偏技术进步影响劳动力需求结构的机制，Violante（2008）讨论了信息和通信技术（Information and Communication Technology，简称 ICT）进步如何对技能劳动产生更多需求，提出了三条可能的途径：第一，通信设备相对价格的降低使产品中资本密集度提高，对技能劳动需求也更高；第二，在技术改变和进步过程中，技能劳动会有更强的适应能力；第三，信息和通信技术进步引致技能劳动偏向型转变。以上三条路径体现了技术进步的偏向性，以信息技术为核心的第三次工业革命已成为重塑区域经济发展格局的重要力量。此外，技术进步不仅仅是企业获得的技术和设备，同时也包括对产品的组织方式，生产要素的跨区域流动方式和空间集聚形态在技术进步的推动下发生了根本性变化，是引致收入不平等发生的重要原因（Acemoglu 1998；Krusell 等，2000；徐舒，2010；董直庆等，2014；杨飞，2017；卢晶亮，2017；郭凯明，2019）。

关于技术进步指标的度量中，多数文献使用全要素生产率衡量，但是全要素生产率为希克斯中性，无法衡量技术进步的偏向性。当前的技术进步特别是网络信息等与数字相关的技术发展十分迅速，引起了生产、流通、分配和就业等各领域的连锁反应（张宇燕，2019）。因此本书将使用一国每百人拥有宽带人数（kd）以及研发费用占 GDP 比重（rd）作为有偏技术进步的代理变量，考察有偏技术进步对国内收入不平等的影响。这两个指标体现了新兴技术革命背景下技术进步的程度，数据均来源于世界银行数据库。

（2）人力资本建设（hc）。加强教育以及对技能劳动的培育，会增加对技能劳动的供给，进而降低技能溢价与国内收入不平等。2018 年《世界不平等报告》指出，美国收入差距水平的增长主要归因于受教育机会的不平等。因此本书将其作为主要控制变量，其预期符号为正。

（3）税收政策（tax）。用所得税、利润税和资本收益税占总税收比重衡量，一国国内的税收政策会对国内收入差距产生影响。例如，小布什政府的减税政策因为多项政策为高收入者减负，进一步拉大了美国国内的贫富差距和社会不平等（曹婧和毛捷，2019）。所得税、利润税和资本收益税分别是针对个人实际或应计净收入、公司和企业利润以及对土地、证券和其他资产所实现或未实现的资本收益所征收的税款，该部分税收占总税收的比重越小，为高收入者减负越多，会拉大国内收入差距。因此预期符号为负。

（4）城镇化水平（*cityratio*）。用一国城镇人口与总人口比值表示，城乡收入差距是国内收入差距的组成部分，因此在大多数发展中国家，城乡分割是导致收入不均等和贫困最重要的原因（罗知等，2018）。以中国为例，中国的收入不平等在过去二十年不断下降，这与城镇化的推进密切相关（万广华，2013）。因此本书推测，一国的城镇化水平会对收入差距产生负向影响。

（5）过度金融（*overfin*）。金融发展是促进经济增长的重要因素，但过度金融可能会使更多的生产要素配置到金融行业，当更多的要素投入与其社会生产力不相匹配的金融活动中时，拥有资产的少数群体会更容易获得高收入，进而恶化国内收入分配。相关文献曾关注过度金融的经济效应，其主要问题集中于经济增长。例如 Arcand 等（2012）考察发现 1970—2000 年间，当私人信贷超过 GDP 的 110% 时，金融发展开始对经济增长产生负影响。Ductor 和 Grechyna（2015）发现私人信贷占 GDP 的比重大于 122% 时，生产部门的技术进步和创新没有赶上金融部门的发展速度，会导致金融发展对经济增长产生负影响。此外，也有文献提及过度金融对收入分配的影响，如 Greenwood 和 Scharfstein（2013）提到过度金融也有很多负面效应，其中包括加剧收入不平等效应。因此，本书选择使用私人信贷占 GDP 的比重与生产型增加值与 GDP 的比重差值作为过度金融的衡量标准，以考察过度金融对国内收入差距的影响。

（6）国家制度质量（*wgi*）。世界银行提供的国家制度质量指标（The Worldwide Governance Indicators，简称 WGI）衡量了一国政府六个维度的管理能力。它包括话语权和问责制（Voice and Accountability）、政治稳定无暴力（Political Stability and Absence of Violence）、政府效能（Government Effectiveness）、监管质量（Regulatory Quality）、法律规则（Rule of Law）、控制腐败能力（Control of Corruption）。Acemoglu（2012）认为，国家制度是一国经济发展的决定性因素。由于国家制度质量水平的提升会促进市场环境优化，更加竞争的市场可以避免部分通过不合理垄断、寻租等方式获得的财富集中于少部分群体，因此国家制度质量的提高会降低国家收入不平等水平，其预期符号为负。

4.3.3 变量的统计性描述与典型事实分析

依据指标测算，表 4.1 初步报告了主要变量的统计性特征。

表 4.1　变量的统计性描述

变量名	变量	观测值	均值	标准差	最小值	最大值
Gini 系数 （可支配收入）	*gini_disp*	3273	0.386051	0.087561	0.209453	0.660755
Gini 系数 （市场收入）	*gini_mkt*	3273	0.463373	0.068718	0.200694	0.739545
全球价值链参与度	*gvc1*	4941	0.495946	0.133198	0.179817	0.998169
每百人拥有宽带人数	*kd*	2549	9.735861	12.2484	0	63.883
全要素生产率	*tfp*	2999	0.663818	0.297881	0.053891	2.455206
过度金融水平	*overfin*	3714	0.15783	0.48922	−0.81152	9.0138
自然资源依赖度	*resdep*	4491	0.067504	0.106097	0	0.864526
贸易依存度	*open*	4164	0.848635	0.521875	0.00021	4.4262

续表

变量名	变量	观测值	均值	标准差	最小值	最大值
制度治理	*wgi*	3038	0.047991	0.937563	−2.45	1.97
城镇化率	*cityratio*	4770	0.581135	0.23557	0.05416	1
税收政策	*tax*	2651	0.240316	0.134398	−0.01348	0.795394
人力资本	*hc*	3723	2.436847	0.68955	1.05696	3.97421
科研投入占 GDP 比	*rd*	1860	0.965808	0.965191	0.00544	4.95278

为了初步观察各国收入不平等的变化，本书依据 SWIID 绘制了 1979—2018 年间全球价值链中"三足鼎立"的国家——中国、美国、德国基尼系数的变化。其中，图 4.1 的纵坐标为 $gini\_mkt$，衡量了家庭市场收入（税前、转移支付前）的不平等程度，图 4.2 的纵坐标为 $gini\_disp$，衡量了家庭可支配收入（税后、转移支付之后）的不平等程度。

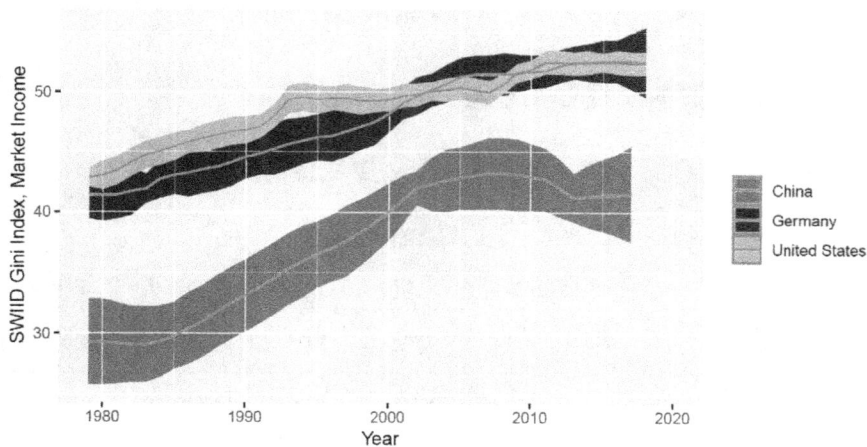

图 4.1　1979—2018 年中国、美国、德国市场收入基尼系数（$gini\_mkt$）变化

注：阴影区间为 95% 置信区间。
数据来源：SWIID 数据库。

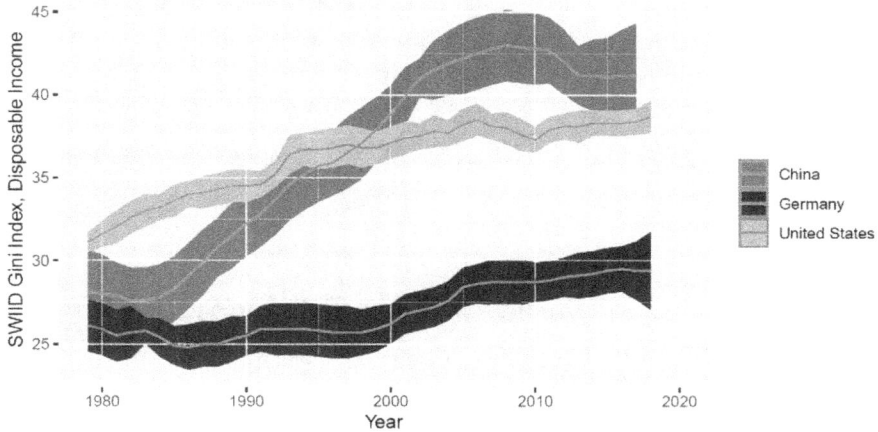

图 4.2 1979—2018 年中国、美国、德国可支配收入基尼系数（*gini_disp*）变化

注：阴影区间为 95% 置信区间。
数据来源：SWIID 数据库。

从上图可以看出，首先，对于美国和德国而言，用两种指标度量的国家不平等程度保持持续上升趋势，而中国的收入不平等程度在 2008 年附近出现拐点，转升为降；其次，通过比较两幅图中收入不平等的数值发现，各国的税后不平等程度低于税前不平等程度，表明国家的税收、转移支付政策均发挥了降低国家收入不平等的作用。

第四节 实证结果与分析

4.4.1 基准回归结果

首先，基于模型（4.1），将常用的贸易依存度（*open*）以及全球价值链参与度（*gvc*1）作为衡量全球化的指标，使用固定效应模型分析两个变量对国内收入不平等的影响，回归结果在表 4.2 中报告。可以看出，贸易依存度与收入不平等之间有显著的正相关关系，表明贸易开放度的提高通过放大一国比较优势部门收入并促进资源重新配置，会导致收入不平等程度拉大。而使用全球价值链参与度作为解释变量后，价值链参与度的回归系数为正，但其显著度明显下降，表明 GVC 参与度对国内收入差距的影响虽然为正，但较贸易依存度度量方法而言，其贡献度和显著度均降低。而现有大多文献依然使用贸易开放度指标分析全球化的经济效应以及其他效应（如 Autor 等，2013；Autor 等，2015），我们认为其得出的结论有待进一步讨论。

表 4.2　基准回归（一）

	（1）	（2）	（3）	（4）
	gini_mkt	*gini_disp*	*gini_mkt*	*gini_disp*
open	0.0169***	0.0062***		
	（7.865）	（3.224）		
*gvc*1			0.0048	0.0122**
			（0.860）	（2.447）
国家 FE	是	是	是	是
年份 FE	是	是	是	是
N	3260	3260	3268	3268
adj. R^2	0.911	0.957	0.907	0.955

注：括号内的值为 t 统计量，***、** 和 * 分别表示在 1%、5% 和 10% 水平上显著。

通过逐步加入控制变量，考察控制变量对国内收入不平等程度的影响，回归结果在表 4.3 中报告。由回归结果可知，整体而言，全球价值链参与度对一国国内收入不平等的影响显著为正，与表 4.2 结果结合，我们认为一国积极参与全球价值链通过市场竞争效应、促竞争效应以及学习效应，使贸易利益更多集中于少部分群体，提高了国内收入不平等程度。

表 4.3 基准回归（二）

	（1）	（2）	（3）	（4）	（5）	（6）
	gini_disp	gini_disp	gini_disp	gini_disp	gini_disp	gini_disp
gvc1	0.0179***	0.0223***	0.0245**	0.0247**	0.0103	0.0110
	（3.265）	（2.883）	（2.084）	（2.100）	（0.789）	（0.759）
cityratio	−0.0631***	0.0217	0.0097	0.0103	−0.0350	−0.0391
	（−4.408）	（0.900）	（0.360）	（0.380）	（−1.140）	（−1.166）
hc	−0.0286***	−0.0184***	−0.0219***	−0.0219***	−0.0153**	−0.0171**
	（−6.464）	（−3.571）	（−3.700）	（−3.693）	（−2.560）	（−2.425）
kd		0.0006***	0.0007***	0.0007***	0.0009***	0.0008***
		（7.349）	（6.951）	（6.778）	（7.310）	（6.439）
rd			0.0062**	0.0062**	0.0053**	0.0078***
			（2.548）	（2.531）	（2.143）	（2.837）
resdep				−0.0086	0.0405	0.0424*
				（−0.429）	（1.624）	（1.650）
wgi					−0.0023	0.0002
					（−0.516）	（0.041）
tax					−0.0335**	−0.0341**
					（−2.406）	（−2.173）
overfin						0.0029
						（1.074）
国家 FE	是	是	是	是	是	是
年份 FE	是	是	是	是	是	是
N	2914	1635	1105	1105	884	782
adj. R^2	0.957	0.974	0.977	0.977	0.979	0.980

注：括号内的值为 t 统计量，***、** 和 * 分别表示在 1%、5% 和 10% 水平上显著。

同时，对其他控制变量的关注也具有重要意义。其中，第（1）列结果表明，城镇化率对国内收入不平等有显著的降低作用，这是因为城镇居民的生产率高于农村居民，城镇化率的提高、破除城乡二元化是降低城乡收入差距的有效途径，从而对降低国内收入差距也意义重大。此外，人力资本变量的回归系数显著为负且十分稳健，表明一国注重人力资本提升是降低国内收入不平等的重要路径，这也是易于理解的，加强教育与培训会降低技能溢价，从而降低国内收入差距。在度量一国技术进步的变量中，宽带使用人数以及科研投入占 GDP 比重回归系数均为正，表明技术进步是提高国内收入不平等的重要原因。同时，这两个变量也体现了偏向科学技术、资本和信息的技术进步。因此，更准确地说，有偏技术进步是提高国内收入差距的重要原因。对自然资源的依赖度过高可能会导致"荷兰病"的出现，难以对一国经济增长起到稳健的推动作用，甚至可能会导致少数掌握自然资源租金的主体获得更高的收入，从而加剧国内收入不平等，在表 4.3 中其回归结果并不稳健，这可能与样本选择的缺失有关，因此在后续单独的考察中，这一问题也十分值得关注。同时，过度金融变量的回归系数虽不显著但为正，关于过度金融对国内收入不平等的影响也有待进一步考证。所得税、利润税和资本收益税占总税收比重变量的回归系数显著为负，这一结论具有重要的启示意义，表明一国对高收入群体征税比重提高会降低国内税后收入的不平等程度，因此，使用合理的税收政策对高收入群体征税是降低国内收入不平等可以考虑的重要政策。

4.4.2 稳健性分析

本章的稳健性分析主要通过以下方法进行：第一，更换衡量国内收入不平等的指标；第二，更换衡量全球价值链参与度的指标；第三，使用 WIOD 样本进行测算，其回归结果在表 4.4 中报告。表 4.4 中第（1）—（4）使用市场化收入的基尼系数（$gini\_mkt$）作为一国收入不平等的度量指标，回归结果表明全球价值链参与度对国内收入不平等有显著提升。接着，表 4.4 中第（3）—（6）列借鉴 Koopman 等（2010），使用增加值贸易视角下测度的全球价值链参与度（gvc2）作为解释变量，回归结果表明，更换测度方法后，一国全球价值链参与度的提高对国内收入不平等程度依然有显著的正向影响。

表 4.4　稳健性分析

	（1）	（2）	（3）	（4）	（5）	（6）
	gini_mkt	*gini_mkt*	*gini_mkt*	*gini_mkt*	*gini_disp*	*gini_disp*
gvc1	0.0346***	0.0312***				
	（8.838）	（5.993）				
gvc2			0.1280***	0.0705***	0.0682***	0.0648***
			（7.641）	（3.522）	（5.247）	（4.084）
控制变量	否	是	否	是	否	是
国家 FE	是	是	是	是	是	是
年份 FE	否	否	否	否	否	否
N	3268	2914	600	600	600	600
adj. R^2	0.903	0.900	0.872	0.880	0.965	0.966

注：括号内的值为 t 统计量，***、** 和 * 分别表示在 1%、5% 和 10% 水平上显著。

4.4.3　异质性分析

异质性分析将主要考察国家特征的异质性与全球价值链参与方式异质性对本书结论的影响，回归结果在表 4.5 和表 4.6 中报告。在表 4.5 中，全球价值链参与度与发展中国家交叉项的回归系数显著为负，表明相对于发达国家而言，发展中国家参与全球价值链分工对国内收入不平等的提高程度较低。这一结论也是易于理解的，发达国家的生产工序和比较优势大多集中于资本、技术密集型生产环节，参与全球价值链后通过市场规模效应发挥作用，而这些环节对技能劳动有更大的需求，且资本、知识要素更容易形成集聚，导致市场份额逐步趋向头部企业，引起更大程度的国内不平等；但对于发展中国家而言，其参与全球价值链的生产环节往往是中低端生产要素，一方面对技能溢价的提升作用较小；另一方面其形成产业集聚和规模效应的能力也较弱，因此对国内收入不平等提升的程度较弱。事实上，这也正是发达国家中低收入群体提出反全球化呼声的理由所在。

表 4.5　异质性分析（一）

	（1）	（2）	（3）	（4）
	gini_disp	*gini_disp*	*gini_mkt*	*gini_mkt*
*gvc*1	0.0655***	0.0570***	0.1173***	0.1124***
	（7.296）	（5.984）	（11.830）	（10.596）
gvc1*developping	−0.0609***	−0.0453***	−0.1279***	−0.1236***
	（−7.159）	（−5.010）	（−13.619）	（−12.260）
控制变量	否	是	否	是
国家 FE	是	是	是	是
年份 FE	是	是	是	是
N	3235	2914	3235	2914
adj. R^2	0.956	0.957	0.909	0.909

注：括号内的值为 t 统计量，***、** 和 * 分别表示在 1%、5% 和 10% 水平上显著。

接着，本书区分全球价值链的前向参与度与后向参与度，考察两种参与方式对国内收入不平等的差异性影响，回归结果在表 4.6 中报告。测算一国参与全球价值链的前向参与度（*gvc_forward*）以及后向参与度时（*gvc_backward*），本书借鉴 Koopman 等（2010）思路进行，数据来源为 WIOD 数据库以及 UIBE 全球价值链数据库。由回归结果可知，前向参与度对国内收入不平等程度的影响更大，这是由于前向参与全球价值链的环节往往是知识、技术密集型的（苏丹妮，2020），是生产链上重要的供给者，拥有更广大的市场规模效应。相比之下，后向参与度对国内收入不平等的影响程度较小。全球价值链地位（*gvc_position*）是前向参与度与后向参与度的差值，因此，全球价值链地位指数对国内收入不平等影响程度也显著为正。

表 4.6 异质性分析（二）

	（1）	（2）	（3）	（4）	（5）	（6）
	gini_disp	gini_disp	gini_disp	gini_disp	gini_disp	gini_disp
gvc_backward	0.0938***		0.0615*			
	（3.470）		（1.950）			
gvc_forward		0.1203***		0.1168***		
		（5.746）		（4.787）		
gvc_position					0.1175***	0.1267***
					（3.615）	（3.885）
控制变量	否	是	否	是	否	是
国家 FE	是	是	是	是	是	是
年份 FE	否	否	否	否	否	否
N	600	600	600	600	600	600
adj. R^2	0.964	0.965	0.965	0.966	0.965	0.964

注：括号内的值为 t 统计量，***、** 和 * 分别表示在 1%、5% 和 10% 水平上显著。

以上两部分异质性分析虽从不同维度展开，但同时也包含了相似的经济学含义。因为在全球价值链分工中，发达国家往往会凭借其技术、资本要素优势等集中于前向参与环节，作为全球价值链中主要的供给者，发达国家获得了更多贸易利益、生产效率大大提升，在争取到较高全球价值链地位的同时，对国内不具有比较优势的中低收入群体未产生同等福利，引起了国内收入不均等的加剧；而发展中国家的全球价值链地位较低，其国内收入不平等程度变动较低。

第五节 拓展性研究：全球价值链作用的比较分析

4.5.1 国内收入不平等影响因素的贡献度分析

如引言所述，已有大量文献从有偏技术进步、国际贸易和全球化、人力资本、国家制度等视角讨论了国内收入不平等的影响因素，同时本书也将以上变量作为国内收入不平等变化的控制变量。诚然，这些因素都是国内收入不平等的重要来源，但其相对重要性和贡献度如何？对这一问题的明晰将有助于明确国内收入不平等的主要来源并在此基础上找到降低国内收入差距的抓手，也将有助于理解全球价值链在影响国内收入不平等过程中扮演的角色。为此，本书使用 Shorrocks（1982）提出的 Shapley 分解法来估算各解释变量对国内收入不平等变动的贡献度。

　　Shapley 方法的原理类似于合作博弈中的 Shapley 解，具体来说，对于待测算贡献度的 n 个变量，每个变量可以被包含或不包含在方程中（共形成 2^n 个方程），通过逐步剔除每个变量，依次比较包含这个变量与不包含这个变量之间被解释变量的差距，对结果取平均值就会得到该解释变量对被解释变量变动的贡献度。尽管这一方法的计算量十分庞大，但其优点主要在于：第一，分解过程可以将变量之间的相互影响纳入适合用于多变量贡献度的分解及比较；第二，分解结果不随变量的排序而发生变化，不依赖分解路径，从而不会因为变量的排序不同而导致结果的差异。该方法在被解释变量影响因素贡献度分析的研究中也已经得到了广泛的应用（如史新杰等，2018；Wan 等，2008；聂海峰和岳希明，2016）。表 4.7 报告了基于 Shapley 分解法得出的国内收入不平等影响因素的贡献度。

表 4.7　国内收入不平等影响因素贡献度分析（全部国家）

变量	贡献度（%）	排序	贡献度占比（%）
人力资本	13.21	1	22.23
全球价值链参与度	10.24	2	17.22

续表

变量	贡献度（%）	排序	贡献度占比（%）
技术设施（宽带）	8.95	3	15.06
制度质量	8.13	4	13.68
科研投入占 GDP 比重	6.52	5	10.97
金融发展水平	4.57	6	7.69
税收政策	3.99	7	6.72
城镇化水平	3.13	8	5.27
自然资源依赖度	0.70	9	1.17
合计	59.44		100

通过 Shapley 分解得到的表 4.7 中内容值得我们进一步关注。本书所用的控制变量可以解释国内收入不平等变动的 59.44%。对其中各影响因素的关注包含重要政策含义：首先，其中影响国内收入不平等最重要的因素是一国的人力资本发展状况，可以解释总变动的 13.21%。意味着提高一国教育水平、为更多劳动者提供接受教育的机会可以降低国内收入不平等水平。其次，表示一国有偏技术进步的技术设施变量与科研投入占比对国内收入不平等的贡献度也十分高，二者之和的贡献度超过 15%，表明一国的有偏技术进步是造成国内收入不平等变动的重要原因。再次，一国的国内政策包括税收政策以及国家制度质量二者之和对收入不平等变动的贡献度占比超过 12%，也是造成国内收入不平等的重要因素。最后，全球价值链参与度确实会对国内收入不平等有贡献，其解释度为 10.24%。综上可知，影响一国收入不平等变动最重要的原因仍然是不涉及开放的国内因素，包括有偏技术进步、人力资本与国内政策。

为了区分发达国家和发展中国家收入不平等的影响因素差异，我们针对发达国家样本和发展中国家样本分析国内收入不平等的影响因素，其分析结果已分别在表 4.8 和表 4.9 中报告。

表 4.8　国内收入不平等影响因素贡献度分析（发达国家）

变量	贡献度（%）	排序	贡献度占比（%）
制度质量	13.68	1	39.30
税收政策	6.93	2	19.91
全球价值链参与度	6.78	3	19.47
城镇化率	2.16	4	6.20
技术设施（宽带）	1.76	5	5.06
科研投入占比	1.28	6	3.69
人力资本	0.87	7	2.50
自然资源依赖度	0.73	8	2.09
金融发展水平	0.61	9	1.76
合计	34.81		100

由表 4.8 可知，在发达国家样本中，国内制度质量是影响国内收入差距最重要的影响因素，其贡献度为 13.68%，全球价值链参与度的贡献度约为 6.78%。

表 4.9　国内收入不平等影响因素贡献度分析（发展中国家）

变量	贡献度（%）	排序	贡献度占比（%）
税收政策	16.82	1	29.53
科研投入占比	12.06	2	21.17
技术设施（宽带）	9.55	3	16.77
人力资本	7.64	4	13.41
全球价值链参与度	7.33	5	12.86
国内制度质量	1.24	6	2.18
城镇化率	1.10	7	1.92
金融发展水平	0.64	8	1.13
自然资源依赖度	0.59	9	1.03
合计	56.96		100

而在发展中国家样本中，有偏技术进步、人力资本建设与国内制度质量仍然是国内收入差距最重要的影响因素。全球价值链参与度的贡献度在以上三者之后。

4.5.2 关于收入不平等影响因素分析的启示与反思

科技的迅猛发展是世界百年未有之大变局中的重要推动力量。近二十年来，随着通信技术的迅猛发展，全球科技创新已经进入到空前高涨的时期，由信息技术推动的新一轮科技革新正在重塑全球版图。与经济全球化相比，技术进步被学术界认为是导致国内收入差距扩大的重要原因（张宇燕，2019），但是经济全球化的进程也无疑推动了科技的进步，二者相辅相成。因此，在全球价值链分工产生经济效应时，仅仅期待更多的增加值获得、就业增加与产出增加而不接受伴随而生的收入分配问题是不客观的。

此外，国内的税收政策、制度质量、人力资本建设也会对国内收入分配产生十分重要的影响。对高收入群体的征税、优化国内营商环境、提高政治稳定与政府效能、减少腐败、加强国内人力资本建设是降低国内收入分配的重要举措，因此当收入分配恶化为"逆全球化"浪潮的理由时，全球化成为"替罪羊"，是多国政府为了转移国内矛盾所提出的。

同时，尽管大量文献提出了全球化对其国内劳动力市场产生的负面影响（如 Autor 等，2013；Autor 等，2015；David 等，2013），但这些文献的结论并非无懈可击，一方面，其对全球化的度量方式仍基于传统贸易，而全球价值链框架下这一方法具有很大偏误；另一方面，依靠单一的因素分析全球化的影响未免有失全面，如盲人摸象必然无法看到全局，得出的结论有失客观。

在全球化前景扑朔迷离的背景下，揭开收入分配恶化成因的面纱十分重要，是对国际反全球化呼声的回应，也将对中国的发展予以启示。当前，中国正处于经济高质量发展的时期，我国在加强开放国门的同时，也应注重国内制度建设。党的十八届三中全会提出全面深化改革的总目标是"完善和发展中国特色社会主义制度，推进国家治理体系和治理能力现代化"。其中，国家治理体系的作用被提到了十分重要的位置，这将有利于我国更好地发挥政策的优越性，更大程度吸纳全球化的红利。

第六节　本章小结

收入不平等不仅是重要的经济议题，更是重要的社会问题。较高水平的收入不平等可能产生诸多不良影响。首先，不利于经济高质量发展。当经济体中较高比重的收入仅由少部分人群分享时，多数低收入群体消费水平难以实现提升，对经济增长贡献度较低，会破坏经济的包容性增长，甚至会引起不同人群之间的机会不平等，对经济发展产生结构性影响。其次，对社会发展会产生不利影响。较高的收入不平等水平会使低收入群体产生不满情绪，最终对社会发展产生不良影响。而只有对催生不平等的社会与经济体制加以仔细分析，才有可能认识到收入分配问题的"庐山真面目"，并在此基础上提出有效的解决、改善方法。

本书在逆全球化思潮逐步兴起的背景下，基于 Eora MRIO 数据库、WIOD 数据库以及世界收入不平等数据库，考察了全球化对国内收入不平等的影响，通过理论分析和实证检验发现：第一，一国参与全球价值链分工会提高国内收入不平等水平，这一结论在使用不同样本、不同指标考察后结论依然稳健。第二，异质性分析结论表明，较发展中国家而言，发达国家参与全球价值链对国内收入不平等的影响程度更大。第三，基于 Shapley 方法对国内收入不平等影响因素分解的分析表明，全球价值链参与度对国内收入不平等有约 10% 的贡献度，但国内制度因素、人力资本建设以及有偏技术进步是影响收入不平等最重要的因素。

因此，基于以上分析，本书可以得出的启示是：第一，全球价值链分工在为各国带来收益和经济增长的同时，未使所有人获得同等利益，因此会提高国内收入差距。只有当地政府制定合理的政策，才能尽可能避免收入分配的恶化，放大全球化红利。第二，依据国内收入差距影响因素的分析可以得知，有偏技术进步、人力资本、合理的税收政策、政府职能优化是比全球化更重要的影响收入分配的因素。因此，一国优化国内收入分配应着重从以上视角考虑，找到抓手。第三，中国作为正在崛起的发展中国家，正处于"双循环"发展格局下，对经济的高质量发展提出了新的要求。中国制造业部门在参与全球价值链分工的过程中，应主动发挥国内政策优势，优化当地环境，吸收全球化释放红利的同时尽量避免收入分配的恶化问题。第四，在未来的全球治理中应同时考虑，国际组织应加强知识产权保护、对劳工标准等一系列"边境后措施"统一标准，提出合理的矛盾解决机制，完善全球化的治理规则。

第五章 全球价值链与技能溢价
——基于中国微观企业的经验分析

在以上两章基于宏观层面的分析之后，本章将考察对象由宏观国家转向微观企业以及中国样本，将研究主题由主体间收入分配转向要素间收入分配。技能溢价作为技能劳动与非技能劳动的工资差距，是国内收入不平等的微观来源，企业以及劳动是直接参与全球价值链分工的主体。因此本章将基于中国微观企业数据，探究企业嵌入全球价值链对技能溢价的影响，以期得到微观层面的结论与启示。

第一节 引言

20 世纪 90 年代以来，在产业革命和信息技术革命的推动下，全球价值链（Global Value Chain，简称 GVC）分工模式日趋纵深发展，成为经济全球化发展的重要特征。在此期间，中国已成为世界上参与全球价值链程度最高的国家之一，这对促进国内经济增长等方面发挥了积极的作用。然而，世界经济发展的长期趋势表明全球化和收入不平等往往交织在一起（Helpman，2016）。近年来，中国的收入差距仍维持在较高水平，2008—2014 年，中国高级管理者与低层员工之间的薪酬差距扩大了 7.8 倍 ①，不同技能劳动的薪酬差距是社会收入不平等的重要来源，也是社会收入不平等的一个缩影。纵观全球，收入分配恶化问题凸显已是当今逆全球化呼声高涨的重要根源。这些现象促使我们去思考，全球化是否会对收入分配产生影响，如何产生影响。

　　大量研究表明，全球价值链分工模式在促进资源重新配置的过程中引起了参与国对不同类型劳动结构需求的变化，进而对收入分配产生影响（如 Feenstra 和 Hanson，1996；Zhu 和 Trefler，2005；Costinot 等，2012）。根据研究结论的不同，可将相关文献分为两类：一类文献研究表明，全球价值链生产会拉大发达国家内部收入差距，但是会降低发展中国家内部收入差距。因为在全球分工体系下，发达国家完成技能劳动密集型生产环节，将非技能劳动密集型生产环节外包给发展中国家，与之对应，发达国家提高了对技能劳动的相对需求，发展中国家提高了对非技能劳动的相对需求，进而导致发达国家内部收入差距拉大，而发展中国家收入差距缩小（Costinot 等，2012）。在此基础上 Gonzalez 等（2015）、Timmer 等（2013）、Timmer 等（2014）、高运胜等（2017）使用 WIOD 数据实证检验了这一观点。然而这一结论似乎无法解释发展中国家收入分配状况同样恶化的现状，于是另一类文献研究认为，由于某些对于发达国家而言的低技能劳动密集型生产环节，对于发展中国家而言仍是技能劳动密集型的，因此全球化会同时拉大发达国家和发展中国家对技能劳动的需求，从而同时拉大了两类国家的收入差距（Zhu 和 Trefler，2005）。这两类文献一致认为对技能

---

　　① 全球性企业管理咨询公司合益集团的研究报告显示，2008 年起全球范围内高级管理者与低层员工之间薪酬差距逐步扩大，中国排在扩大榜单的第 18 位。信息来源于：http://finance.people.com.cn/n/2015/0317/c1004-26702761.html。

劳动相对需求的变化是改变收入差距的核心机制，但得到的结论不尽一致。为此，本书希望探究作为发展中国家的中国，在全球化进程中，国内收入分配受到的影响。上述文献均使用行业层面的宏观加总数据，但即使在同一行业中，不同企业的生产函数和要素投入可能有较大的差异性，因此基于行业层面的分析可能会忽视不同企业在技能分布以及收入分配中的异质性。于是，基于数据的可获得性，本书将着眼微观企业，刻画中国企业在参在与全球化的过程中，技能劳动与非技能劳动工资差距（后文简称为技能溢价或技能工资差距）的变化并探究其影响机制。

事实上，基于微观层面分析全球化对技能溢价影响的研究近年来已被部分学者提及。自 Egger 和 Kreickemeier（2009）提出公平工资模型以来，一些文献基于微观企业数据对技能溢价进行测算并探究其影响因素。（1）关于技能溢价测算方法的研究方面，陈波和贺超群（2013）和 Chen 等（2017）基于中国工业企业数据库中企业平均工资、劳动者受教育程度结构等指标，估算出企业内技能劳动与非技能劳动的工资差距，这一测算方法在后期的影响因素研究中已被广泛使用。（2）关于技能溢价的影响因素的研究方面，其中一个重要的视角是从全球化视角进行解读。这类文献从多视角研究了国际贸易以及国际投资对工资差距的影响，发现对劳动要素结构的需求以及利润分享机制是重要的影响渠道。例如已有文献研究表明进口贸易自由化（Chen 等，2017）、出口贸易自由化（陈波和贺超群，2013）会提高企业利润率，利润分配中技能劳动凭借其较强的议价能力，拉大了技能工资差距，而市场竞争有助于缩小工资差距（Anwar 和 Sun，2012）；出口产品质量分化（刘灿雷等，2018）以及企业对外直接投资（毛其淋和许家云，2014）加剧了中国的工资不平等；关税政策不确定性的降低，提高了中国企业（尤其是劳动密集型企业）对非技能劳动的需求，进而缩小了技能工资差距（李胜旗和毛其淋，2018）。但是，尽管这些研究考虑到了企业异质性的存在，传统的贸易统计方法已不能反映当前以全球价值链为基础的国际贸易实际状况（王直等，2015），而目前关于企业嵌入全球价值链的指标测度已逐步完善，并被广泛应用于经济效应分析。鉴于此，本书的研究旨在以全球化为背景，深入考察中国制造业企业嵌入全球价值链对技能溢价的影响及作用机制。

　　本书可能在以下几点较现有文献有所推进：（1）在研究层次上，现基于全球价值链测算体系考察全球化对收入差距影响的文献大多基于行业层面，而同一行业内企业的生产函数可能差异较大，有必要将企业的异质性考虑在其中，因此本书基于中国微观企业数据，测算中国企业的GVC嵌入度与技能溢价，更为深入地探究全球价值链嵌入对技能溢价影响的微观证据。（2）在研究结论上，本书通过中国数据实证检验了GVC嵌入对技能溢价的非线性影响，这有助于我们认识到全球价值链嵌入方式的不同产生的收入分配效应具有差异性。（3）在理论机制上，本书讨论了技术结构与利润分享两条可能的渠道，分析企业嵌入全球价值链收入分配效应的深层次机理，在此基础上将收入差距分为"好的不平等"和"坏的不平等"。（4）本书还考察了国内市场一体化以及最低工资制度对技能溢价的调节机制，为缓解收入不平等提供了可能的思路。

　　本章余下内容结构安排如下：第二节为理论分析，第三节为计量模型设定、指标测度与数据说明；第四节为实证结果与分析；第五节为影响机制分析；第六节考察国内政策特征对技能溢价的调节作用，并在此基础上得出政策启示；第七节为本章小结。

第二节　理论分析

标准的 Melitz（2003）模型假设所有的工人具有同质性，劳动力市场完全竞争，所有的工人都会被雇用且得到相同的工资。而现实中，劳动力具有异质性，劳动力市场也难以实现完全竞争，所以在后期的研究中，学者们对 Melitz（2003）的模型进行了拓展，将劳动力构成（Bustos，2011；Verhoogen，2008；Yeaple，2005）和劳动力摩擦（Davidson 等，2008；Coşar 等，2016；Helpman 和 Itskhoki，2010；Helpman 等，2011）纳入异质性企业模型中，为解释现实中劳动力市场出现的问题提供了理论基础。本书基于现有文献，将劳动力构成以及劳动力摩擦纳入本书的理论分析框架中，分别对应技能结构变化与利润分享机制。

5.2.1　全球价值链嵌入对技能结构的影响

本书将"劳动力构成"纳入企业异质性特征，考察企业嵌入全球价值链对技能劳动结构的影响。不同企业中技能劳动与非技能劳动相对数不全相同（Bustos，2011），由于技能劳动比非技能劳动生产率高，所以大规模企业、出口企业以及生产率高的企业往往对技能劳动的需求比较高（Yeaple，2005）。那么企业嵌入全球价值链会对企业技能构成产生什么影响？

企业通过参与全球价值链生产得以接触价格更低廉、种类更多样、质量更高的中间产品，从而降低企业成本并提升效率。具体来说：企业通过 GVC 获得更低价格的中间品后，雇用更多技能劳动可扩大产量，进而提升企业生产率（Grossman 和 Hansberg，2008）；或在企业进口更高质量的中间品，例如引进先进生产技术时，企业需要更高比例的技能劳动与新的生产方式相匹配，以提高企业生产率与出口竞争力。为此，企业参与 GVC 并从中间产品中获得效率提升的过程中，会引起对技能劳动相对需求的提升，导致技能溢价的提高。但是，效率的改进是有边界的，当超过某一临界值以后，从中间产品进口中吸收的先进技术具有递减趋势（Krugman，1979；马丹，2019）。同理，当企业 GVC 嵌入度超过某一临界值后，其生产过程对技能劳动的相对需求会下降，引起技能溢价降低。这与 Lee 和 Yi（2018）的思路也是一致的，该文认为全球价值链的每段生产任务需要特定的生产要素匹配，专业化生产环节对某类生产要素需求的提升会引起其价格的上升。

从数量关系上看，企业参与 GVC 且技能劳动相对需求上升的阶段中，进口产品的价格较低或数量较少，其嵌入度也较低；跨越某一临界之后，企业参与 GVC 引起技能劳动相对需求下降的阶段中，其嵌入度较高。因此，在 GVC 嵌入度从 0 到 1 的过程中，企业技能劳动占比可能会出现先升后降的趋势，引起技能溢价也呈先增长后降低的倒 U 形变化。基于以上分析，本书提出：

假说 1：GVC 嵌入与企业技能劳动占比存在倒 U 形关系，进而与技能溢价也存在倒 U 形关系。

5.2.2　全球价值链嵌入的利润率分享机制

本书将"劳动力摩擦"纳入模型，考察利润率不同的企业是否会有不同的技能溢价。劳动力市场摩擦的存在，可能会导致"同工不同酬"的现象，意味着即使是同质的工人，在不同企业工作也会得到不同的工资。往往在利润率较高的企业，得到的"好工作"会支付较高的工资（Davis 和 Harrigan，2011）。另外，显而易见的是，非技能劳动由于完成工作的差异性较小，同一行业内不同企业为其支付的工资差距相对较小（Cheng 等，2019），而技能劳动在不同企业获得的工资水平是差距较大的，换言之，"好工作"对技能劳动的影响大于对非技能劳动的影响，这也意味着利润率越高的企业，技能溢价越高。那么企业嵌入全球价值链会对利润率产生什么影响？

通过嵌入全球价值链，企业会获得更低价值、更高质量的中间品，从而改善了成本加成。刘磊等（2019）通过研究二者的非线性关系，发现全球价值链嵌入与企业成本加成之间呈现倒 U 形关系。成本加成度量了企业在市场上的垄断程度和超额利得，所以企业定价时的成本加成越高，获得的利润率也越高（余淼杰和智琨，2016）。但在收入分配环节，这部分超额利润不会按照同样的比例分配给不同质的劳动。此时市场供需越是相对紧张的劳动者，越会拥有相对较强的讨价还价能力（Borjas 和 Ramey，1995），在劳动力市场中技能劳动不丰裕的情况下，往往高利润企业会选择或必须选择为技能劳动支付超额收入，导致利润率越高的企业中，技能劳动和非技能劳动的工资差距越大。基于以上分析，本书提出：

假说 2：企业的价值链嵌入度对利润率产生倒 U 形影响，进而与技能溢价之间呈倒 U 形关系。

5.2.3 市场特征对技能溢价的调节作用

以上机制分析容易引发思考的问题是全球价值链嵌入引起的技能

工资差距是否可以通过市场调节被缓解？比如，在竞争程度较高的市场中，企业间利润差异程度较小，"好工作"对技能劳动工资的提升效应较弱；相反，在竞争程度低的市场中，垄断程度较高的企业获得高额利润后会促使技能劳动也得到较高的工资，"好工作"效应增强，技能溢价提升。地方保护主义下市场分割的存在会弱化产品市场竞争，增强全球价值链嵌入产生的不平等效应。另外，劳动力市场竞争程度的变化也会对技能溢价产生调节作用，基于以上分析，本书提出：

假说3：产品市场竞争以及劳动力市场竞争程度的加强可以弱化全球价值链嵌入产生的收入不平等效应。

第三节　计量模型设定、指标测度与数据说明

5.3.1　计量模型设定

本书的研究目的在于考察全球价值链嵌入度对技能溢价的影响。由于中国工业企业数据库中，仅2004年数据包含了受不同教育程度员工的数量，为了保证回归结果的准确性，本书首先使用2004年截面数据进行回归，然后使用扩展年份的面板数据进行分析，扩展样本中具体的指标测算方法在本章的第二节中进行介绍。本书将基准计量模型设定为：

$$s_{ijkt} = \alpha_0 + \alpha_1 gvc_{ijkt} + \alpha_2 gvc_{ijkt}^2 + \beta CV_{it} + \mu_{jt} + \mu_k + \varepsilon_{ijkt} \qquad (5.1)$$

其中，下标 i、j、k、t 分别表示企业、行业、地区和年份，s 为技能溢价，gvc 为企业嵌入全球价值链的程度。为了控制例如石油价格变化等宏观经济冲击对行业生产造成的影响而波及的企业工资水平，

本书选择控制年份—行业固定效应 μ_{jt} 和地区固定效应 μ_k 进行回归（Hummels 等，2014），为随机扰动项。在使用截面数据分析时，删去时间维度。

5.3.2 指标测度

5.3.2.1 技能溢价的测度

本书的被解释变量为企业内技能劳动和非技能劳动的工资差距，但是在工业企业数据库中未直接提供技能劳动和非技能劳动的工资水平，因此需要依据现有数据进行测算，如何准确测度技能溢价是本书的核心内容之一。本书借鉴 Egger 和 Kreickemeier（2009）公平工资模型的思想，参考 Chen 等（2017）测度企业技能溢价，具体测算方法如下：

定义技能溢价为技能劳动和非技能劳动的工资比值，即：

$$s_{it} = wasge_{it}^s / wage_{it}^u \tag{5.2}$$

式中下标 i 和 t 表示企业和年份，上标 s 和 u 表示技能劳动和非技能劳动，给定企业中技能劳动占比为 θ_{it}（skill ratio）时，恒有平均工资的定义式：

$$\overline{wage_{it}} \equiv \theta_{it} wage_{it}^s + (1-\theta_{it}) wage_{it}^u \tag{5.3}$$

由式（5.3）得：

$$\frac{\overline{wage_{it}}}{wage_{it}^u} = 1 + \theta(\frac{wage_{it}^s}{wage_{it}^u} - 1) \tag{5.4}$$

两边同时取对数，

$$\ln(\frac{\overline{wage_{it}}}{wage_{it}^u}) = \ln(1 + \theta(\frac{wage_{it}^s}{wage_{it}^u} - 1)) \tag{5.5}$$

当式（5.5）中 $\theta(\frac{wage_{it}^s}{wage_{it}^u}-1)$ 趋于 0 时，可认为 $\ln(1+\theta(\frac{wage_{it}^s}{wage_{it}^u}-1))$

与 $\theta(\frac{wage_{it}^s}{wage_{it}^u}-1)$ 等价无穷小，所以：

$$s_{it} \approx (\ln(\overline{wage_{it}}/wage_{it}^u))\,/\,\theta_{it} = \frac{\ln(\overline{wage_{it}}) - \ln(wage_{it}^u)}{\theta_{it}} \qquad （5.6）$$

由式（5.6）可知，要测算技能溢价，需要已知企业平均工资、技能劳动占比以及企业最低工资三个变量。其中，企业的平均工资用"企业应付工资"与"企业应付福利费"之和除以"从业人数"得到；测算技能劳动占比时，以 Acemoglu 和 Autor（2011）等对劳动者进行技能水平划分的方法为基础，用大专及以上学历员工数除以员工总人数得到；企业最低工资的获得需要进行估计，本书将该企业所在地区—三分位行业中，平均工资最低企业的平均工资估算为该企业的最低工资，这一做法与 Cheng 等（2019）的观点也是一致的。虽然这种估算方法存在一定偏误，但是也表达了其经济学含义，即非技能劳动在指定行业中的可替代性较强，视为接近完全竞争的劳动力市场。通过对以上三个变量的测算或估算，可测算技能溢价。式（5.6）包含的经济学含义为：当企业内技能劳动的占比一定时，企业内的平均工资高于非技能劳动工资的幅度越高，表明技能溢价越高，因为技能劳动工资大幅提升了企业的平均工资水平；而当平均工资与最低工资的差值一定时，技能劳动的占比越高，技能溢价越低，因为技能劳动的高工资对企业平均工资的提升程度较小。

另外，在中国工业企业数据库中，仅有 2004 年的数据包含了制造业不同学历的员工人数，为了推算其他份企业的技能劳动占比，本书借鉴 Chen 等（2017）的方法，假设企业 i 内技能劳动占比与该企业所在地区技能劳动占比是同步变化的，具体而言，定义 t 年份企业 i 的技能劳动占比 $\theta_{it} \equiv \eta_{rt} \times \theta_{i},2004$，$\eta_{rt}$ 为 r 地区 t 年技能劳动占比相对于 2004 年的变化率。《中国劳动统计年鉴》提供了分地区全国就业人员受教育程度构成数据，据此可将 2001—2013 各年的技能劳动占比进行测算。这种推算方法符合经济发展规律，但只能估算出 2004 年在位企业在其他年份的技能劳动占比，会导致部分样本的缺失。因此本书在实证分析中，分别报告了以 2004 年样本作为基准的回归结果，以及用其他年份样本为扩展样本的回归结果。

5.3.2.2 企业 GVC 嵌入度的测算

本章参照 Kee 和 Tang（2016）的做法，对企业的 GVC 嵌入度进行测算：

$$gvc = \frac{M_A^p + M_{Am}^o \dfrac{X^o}{D + X^o} + 0.05(M^T - M_A^p - M_{Am}^o)}{X} \qquad (5.7)$$

式（5.7）中，M、X 和 D 分别表示进口、出口和国内销售。上标 p 和 o 分别表示加工贸易和一般贸易，下标 m 表示 BEC 分类下的中间品进口，不包括消费品和资本品，结合中国实际情况，本书计算了各行业通过贸易代理商进口占总进口的比重 $share$，根据公式 $M_A = M/(1 - share)$ 计算出企业的实际进口额 M_A^p 和 M_{Am}^o。M^T 表示企业中间投入额，并假定企业的国内中间投入中包含 5% 的国外附加值。

5.3.2.3 其他控制变量

除核心变量外，本书还控制了其他可能影响技能溢价的因素：企业年龄（age），企业年龄 = 现年份 – 企业开工年份 +1；企业年龄平方（$agesq$）；企业资本密集度（$ln\ kl$），为企业固定资产合计值与从业人数的比值；企业负债率（$ln\ debt$）为企业负债总计与资产总计的比值；企业规模（$ln\ scale$）用企业工业销售产值表示；国有资本占比（soe_ratio）为实收资本中国有资本的占比；外商资本占比（$fore\_ratio$）为实收资本外商资本的占比；加工贸易虚拟变量（$process$），当企业仅从事加工贸易时取值为1；一般贸易虚拟变量（$ordinary$），当企业仅从事一般贸易时取值为1。

5.3.3 数据说明

本书主要使用了两套微观数据的合并数据。其中，第一套数据来源于国家统计局的中国工业企业数据库，其调查对象包括了全部国有企业以及规模以上的非国有企业。第二套数据来源于海关总署的海关贸易数据库，该数据记录了企业产品层面的月度交易信息。首先，本书借鉴 Brandt 等（2012）的做法，对中国工业企业数据库进行处理：剔除总产值、销售额、工业增加值、中间投入、固定资产合计、固定资产净值年平均余额缺失、为负值或零值的制造业样本；剔除雇用员工人数低于8人的企业；剔除流动资产超过总资产的企业以及固定资产净值超过总资产的企业；除此之外，本书还剔除了应付工资总额与应付福利费和为零的企业，并进行价格指数平减。其次，我们将海关贸易数据库中的月度数据加总为年度数据。最后，我们参照 Yu（2015）的方法，按照企业名称、电话号码以及邮政编码将两套微观数据进行合并。另外，本书还使用了来自《中国劳动统计年鉴》的分地区全国就业人员受教育程度结构数据，使用本数据与两套微观数据的合并数据进行整合，可得到本书所需的微观数据。

此外，关于样本时间区间的选择还需要说明的是，本书所使用的两套数据，时间跨度分别为 2001—2007 年及 2011—2013 年，具体原因如下：第一，虽然中国工业企业数据库已经更新至 2013 年，但是 2007 年之后指标缺失严重。例如，2008—2010 年数据库中未包含"企业应付工资"与"企业应付福利费"或"应付职工薪酬"指标，因此无法测算技能溢价，故本书未使用 2008—2010 年数据进行分析。第二，与 2011 年之前的数据相比，2011—2013 年工业企业数据库中指标的统计口径发生了较大的变化，为避免样本选择偏差，不宜与 2001—2007 年样本构成面板数据进行整体分析。综上，为了确保回归结果的准确性，本书以 2001—2007 年样本数据为主进行分析。同时，为了考察 2008 年金融危机以来，在世界经济格局发生变化的背景下，全球价值链嵌入对技能溢价的影响，将在实证部分单独考察 2011—2013 年样本。

5.3.4 变量的统计性描述与典型事实分析

表 5.1 报告了本书所用主要变量的统计性描述结果。

表 5.1　变量的统计性描述

2004 年样本						
变量名称	变量符号	样本量	均值	标准差	最小值	最大值
技能溢价（对数）	$skill\_premium$	38974	2.420	1.401	−7.367	7.708
GVC 嵌入度	gvc	43845	0.426	0.452	0	1
技能劳动占比	θ	43845	0.142	0.180	0	1
企业年龄	age	43839	8.618	7.459	1	56
资本密集度（对数）	$ln\ kl$	43768	3.611	1.435	−5.628	14.258
负债率（对数）	$ln\ debt$	43704	−0.760	0.754	−8.575	2.895
企业规模（对数）	$ln\ scale$	43780	10.482	1.312	2.079	16.105
国有资本占比	soe_ratio	43845	0.032	0.154	0	1
外商资本占比	$fore\_ratio$	43845	0.242	0.391	0	1

续表

加工贸易虚拟变量	*process*	43845	0.122	0.328	0	1
一般贸易虚拟变量	*ordinary*	43845	0.420	0.494	0	1
2001—2007 年样本						
变量名称	变量符号	样本量	均值	标准差	最小值	最大值
技能溢价（对数）	*skill_premium*	163655	2.698	1.479	−9.520	8.619
GVC 嵌入度	*gvc*	193538	0.411	0.443	0	1
技能劳动占比	*θ*	193538	0.128	0.164	0	1
企业年龄	*age*	193531	9.844	7.726	1	59
资本密集度（对数）	*ln kl*	182412	3.687	1.399	−6.354	14.387
负债率（对数）	*ln debt*	193084	−0.780	0.751	−12.381	2.895
企业规模（对数）	*ln scale*	193370	10.716	1.347	2.079	19.047
国有资本占比	*soe_ratio*	193538	0.034	0.155	0	1
外商资本占比	*fore_ratio*	193538	0.264	0.401	0	1
加工贸易虚拟变量	*process*	193538	0.105	0.306	0	1
一般贸易虚拟变量	*ordinary*	193538	0.342	0.475	0	1

图 5.1 展示了三个样本期内企业 GVC 嵌入度与技能溢价的非线性关系。整体来看，二者呈现明显的倒 U 形关系，即在拐点前技能溢价会随着 GVC 嵌入度的增大而增大，越过拐点后，GVC 嵌入度的增大会降低技能溢价。

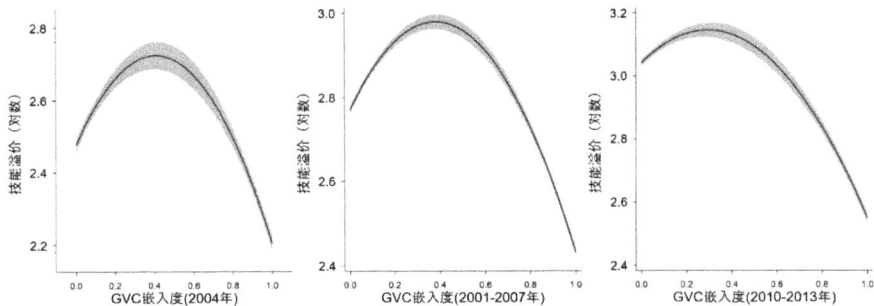

图 5.1　企业 GVC 嵌入度与技能溢价的倒 U 形关系

说明：图中的阴影表示 95% 置信区间。

第四节　实证结果与分析

5.4.1 基准回归结果

由于工业企业数据库中仅 2004 年数据包含了受不同教育程度员工的数量，为了保证回归结果的准确性，本书首先使用 2004 年截面数据进行回归，然后使用扩展的面板数据进行稳健性分析。使用 2004 年截面数据回归得到的结果在表 5.2 中报告，第（1）列的回归结果显示，GVC 嵌入度的一次项系数显著为正，二次项系数显著为负，这表明企业嵌入 GVC 对技能溢价的影响，呈现先上升后下降的倒 U 形关系，在某一点达到最大。该点之前，GVC 嵌入度的上升，企业对技能劳动需求上升与利润率提升效应的叠加会提高技能溢价，越过拐点之后，GVC 嵌入度上升，企业对非技能劳动需求的增加及利润率的下降会降低技能溢价。

表 5.2　基准回归结果（2004 年截面数据）

	（1）	（2）	（3）	（4）
gvc	0.6560***	0.5378***	0.5853***	0.4285***
	（8.277）	（6.792）	（7.405）	（4.951）
gvcsq	−0.6649***	−0.5448***	−0.5159***	−0.4544***
	（−8.661）	（−7.099）	（−6.770）	（−5.553）
age		0.0329***	0.0303***	0.0306***
		（16.484）	（15.080）	（15.199）
agesq		−0.0006***	−0.0006***	−0.0005***
		（−13.595）	（−12.880）	（−12.272）
ln kl			−0.1764***	−0.1728***
			（−31.978）	（−31.243）

续表

	（1）	（2）	（3）	（4）
ln debt			−0.0539***	−0.0484***
			（−6.540）	（−5.867）
ln scale			0.0973***	0.1014***
			（19.221）	（19.806）
soe_ratio				−0.2159***
				（−5.756）
fore_ratio				0.0668***
				（4.320）
process				0.2325***
				（10.550）
ordinary				−0.0573***
				（−3.746）
地区 FE	是	是	是	是
行业 FE	是	是	是	是
N	38959	38954	38769	38769
adj. R^2	0.331	0.336	0.358	0.362

注：括号内的值为系数的 t 统计量，基于企业层面聚类稳健标准差计算所得，***、** 和 * 分别表示在 1%、5% 和 10% 水平上显著。

第（2）—（4）列逐步加入企业层面的控制变量后，GVC 嵌入度的一次项和二次项系数仍保持在 1% 的水平上显著。上述结果意味着，中国企业嵌入全球价值链带来的技能结构变化与利润率提升效应叠加后，在总样本中表现出对技能溢价的倒 U 形影响。另外，值得关注的是，由于国有企业和非国有企业具有不同的激励、监督和约束机制（姚洋和章奇，2001），在国有企业参与全球价值链生产活动时，其劳动力结构和工资水平的变化都需要较长的时间做出调整，也就是说已有体制下相比于非国有企业，国有企业的内部技能工资差距变化较小，所以国有资本占比的回归系数显著为负，相反，外商资本占比的回归系数则显著为正。

5.4.2 内生性分析

由于可能存在企业自选择问题，即技能溢价高的企业可能会自动选择更多地参与到国际分工中，这种逆向因果的关系可能会导致本书回归结果有偏差。同时，考虑到一些不可观测因素可能会引致的内生性问题，本书将采用以下方法进一步分析，回归结果在表 5.3 中报告。

首先，借鉴周茂等（2018）的思想构建工具变量（iv）：使用该企业所在省份——三分位行业其他企业的 GVC 嵌入度均值作为工具变量。这样选择，一方面，该企业的 GVC 嵌入度与其所在地区——行业保持较强的同步性，满足工具变量对"相关性"的要求。另一方面，除去该企业的行业均值不会直接影响该企业的 GVC 嵌入度，可以认为满足工具变量对"外生性"的要求。

表 5.3　内生性分析

	（1）	（2）	（3）
	2SLS	系统 GMM	OLS
gvc	13.1812***	1.8254**	
	（7.268）	（2.260）	
$gvcsq$	−13.3046***	−1.4236**	
	（−7.661）	（−2.218）	
iv			0.7919***
			（7.868）
$ivsq$			−1.1337***
			（−10.729）
控制变量	是	是	是
Kleibergen-Paap rk LM 统计量	116.133***		
Kleibergen-Paap rk Wald F 统计量	108.987		
	{7.03}		

续表

	（1）	（2）	（3）
	2SLS	系统 GMM	OLS
AR（1）		0.000	
AR（2）		0.425	
Sargan		0.401	
N	157618	115214	157618
adj. R^2			0.817

注：Kleibergen–Paap 统计量中花括号内数值为 Stock–Yogo 检验 10% 水平上的临界值。圆括号内的值为系数的 t 统计量。***、** 和 * 分别表示在 1%、5% 和 10% 水平上显著。

表 5.3 的第（1）列给出了相应的两阶段最小二乘法（2SLS）估计结果，结果显示，Kleibergen–Paap rk LM 和 Kleibergen–Paap Wald rk F 检验拒绝了工具变量识别不足与弱识别的原假设，表明选取的工具变量是合理的。其次，第（2）列采取两步系统 GMM 方法，尽可能解决回归方程中的逆向因果关系导致的内生性问题，AR（1）、AR（2）检验结果表明模型的随机误差项不存在序列相关，Sargan 统计量 p 值大于 1% 表明工具变量不存在过度识别问题，所以计量模型的工具变量选择是合适的。最后，本书采用了 GVC 滞后一期及其平方项的滞后一期，以进一步降低可能存在的内生性问题，回归结果在第（3）列中报告。由表 5.3 中各列结果可知，在考虑了可能存在的内生性问题之后，全球价值链嵌入对技能溢价的影响仍呈倒 U 形，本书的核心结论较为稳健。

5.4.3　稳健性分析

本部分的稳健性分析主要从三个方面展开：第一，更换被解释变量的测度方法；第二，分别使用 2001—2007 年和 2011—2013 年扩展样本进行分析；第三，对回归模型中的固定效应进行变换。回归结果在表 5.4 和表 5.5 中报告。

表 5.4 的第（1）列中，我们使用 2004 年样本，更换了技能劳动占比的衡量方法后重新测算技能溢价指标，即使用工业企业数据库中具有初级、中级、高级技术职称员工占比作为技能劳动占比，由回归结果可知，GVC 嵌入度与技能溢价之间呈倒 U 形关系。

第（3）—（5）列的稳健性分析中使用了 2001—2007 年面板数据作为扩展样本，表 5.5 基于 2011—2013 年扩展样本进行稳健性分析，从回归结果来看，2011—2013 年期间中国企业嵌入 GVC 对技能溢价的倒 U 形关系依然稳健。但与 2001—2007 年样本回归结果不同的是，倒 U 形的拐点向左发生了移动。可能的原因是，中国企业嵌入全球价值链后，进口的中间品与技能劳动的互补性在逐渐降低，通过进口中间品促进产业升级和生产率提高的过程中，对中间品的边际学习效应逐渐递减（马丹等，2019）。

表 5.4　稳健性分析（一）

	2004 年样本		2001—2007 年样本		
	（1）	（2）	（3）	（4）	（5）
gvc	0.5992***	0.4557***	0.3194***	0.3265***	0.4001***
	（5.192）	（5.203）	（5.181）	（5.332）	（6.276）
gvcsq	−0.4248***	−0.4511***	−0.3461***	−0.3637***	−0.3895***
	（−3.839）	（−5.456）	（−5.985）	（−6.327）	（−6.534）
age	0.0135***	0.0319***	0.0260***	0.0257***	0.0274***
	（5.300）	（15.591）	（14.375）	（14.249）	（14.423）
agesq	−0.0005***	−0.0005***	−0.0005***	−0.0005***	−0.0005***
	（−8.528）	（−12.205）	（−12.855）	（−12.762）	（−12.107）
ln kl	−0.0882***	−0.1612***	−0.1617***	−0.1631***	−0.1488***
	（−12.402）	（−28.904）	（−36.286）	（−36.765）	（−31.873）
ln debt	−0.0374***	−0.0549***	−0.0526***	−0.0537***	−0.0587***
	（−3.361）	（−6.463）	（−8.130）	（−8.296）	（−8.744）

	2004 年样本		2001—2007 年样本		
	（1）	（2）	（3）	（4）	（5）
ln scale	0.1923***	0.1053***	0.0792***	0.0772***	0.0778***
	（28.309）	（20.291）	（18.383）	（18.096）	（17.246）
soe_ratio	−0.0900**	−0.1616***	−0.3128***	−0.3469***	−0.2187***
	（−2.096）	（−4.212）	（−10.962）	（−12.051）	（−7.204）
fore_ratio	0.4266***	0.0624***	0.0553***	0.0552***	0.0518***
	（19.149）	（3.959）	（4.438）	（4.445）	（3.986）
process	−0.0273	0.2079***	0.2391***	0.2453***	0.1898***
	（−0.852）	（9.233）	（14.782）	（15.319）	（10.931）
ordinary	−0.1774***	−0.0460***	−0.0461***	−0.0491***	−0.0192*
	（−9.240）	（−2.951）	（−4.363）	（−4.715）	（−1.732）
行业 FE	是	否	否	是	否
地区 FE	是	否	是	是	否
行业 × 地区 FE	否	是	否	否	否
年份 FE	否	否	是	是	否
行业 × 年份 FE	否	否	是	否	否
地区 × 行业 × 年份 FE	否	否	否	否	是
N	30275	37438	162758	162971	154271
adj. R^2	0.214	0.418	0.406	0.393	0.478

注：括号内的值为系数的 t 统计量，基于企业层面聚类稳健标准差计算所得，***、**和 * 分别表示在 1%、5% 和 10% 水平上显著。

接着，本书分别对回归方程里加入的固定效应进行更换。为了控制例如大宗商品价格变化等宏观冲击对行业生产造成的影响，而波及到行业所属企业的技能溢价，本书控制了行业—年份、地区固定效应，得到的结果显示本书的核心结论保持不变。另外，本书也控制了地区—年份、行业固定效应以及地区—行业—年份固定效应，从回归结果中得到的结论并无明显差异。

从表5.4和表5.5的回归结果可以看出在使用以上三种方法之

后，GVC 变量的一次项系数依然显著为正，二次项系数显著为负。再次表明企业嵌入全球价值链对技能溢价的倒 U 形影响是稳健的，并不因变量测度方法、固定效应使用以及样本时间段的不同而发生改变。由于使用 2011—2013 年面板数据与使用 2001—2007 年面板数据、2004 年截面数据得到的定性结论是一致的，为保持结论的简洁与一致性，后文的分析主要选用 2004 年截面数据及 2001—2007 年组成的面板数据进行分析。

表 5.5　稳健性分析（二）

	（1）	（2）	（3）
gvc	0.1892***	0.1855***	0.1536***
	（2.739）	（2.699）	（2.177）
gvcsq	−0.3785***	−0.3851***	−0.3181***
	（−5.636）	（−5.761）	（−4.642）
行业 FE	否	是	否
地区 FE	是	是	否
行业 × 地区 FE	否	否	否
年份 FE	否	是	否
行业 × 年份 FE	是	否	否
地区 × 行业 × 年份 FE	否	否	是
N	48809	48895	45428
adj. R^2	0.379	0.376	0.433

注：括号内的值为系数的 t 统计量，基于企业层面聚类稳健标准差计算所得，***、**和 * 分别表示在 1%、5% 和 10% 水平上显著。

5.4.4　异质性分析

5.4.4.1　按企业所在地区分组

中国各地区的开放程度和劳动力市场发展水平存在较大差异，因此不同地区的技能溢价可能对价值链嵌入的敏感程度不同。为此，按照经济发展条件将样本划分为东部地区和中西部地区样本，进行异质性分析。由表 5.6 的回归结果可以得知，全球价值链嵌入对技能溢价的倒 U 形影响，在东部企业样本中依然在统计意义上显著，而在中西部地区样本中统计显著性较低且并不稳健。可能的原因在于，中国企业 GVC 嵌入度的地域差距十分显著，东部地区的开放水平高于中西部地区，劳动力也更为充裕、竞争性更强，企业技能结构以及利润率能够快速转变，导致工资对 GVC 嵌入度的敏感度更高。

表 5.6　基于企业所在区域的异质性分析

	截面数据：2004 年样本		面板数据：2001—2007 年样本	
	东部企业	中西部企业	东部企业	中西部企业
gvc	0.4104***	0.8004*	0.3120***	0.4525
	（4.654）	（1.839）	（4.947）	（1.469）
gvcsq	−0.4407***	−0.7012*	−0.3379***	−0.4335
	（−5.293）	（−1.664）	（−5.724）	（−1.443）
控制变量	是	是	是	是
行业 FE	是	是		
年份 — 行业 FE			是	是
地区 FE	是	是	是	是
N	36269	2406	153287	8800
adj. R^2	0.347	0.405	0.398	0.403

注：括号内的值为系数的 t 统计量。***、** 和 * 分别表示在 1%、5% 和 10% 水平上显著。

5.4.4.2　按企业所有制分组

借鉴聂辉华等（2012），本书按照企业实收资本比例，将企业分为国有企业、民营企业、外资企业和港澳台企业[①]。按所有制分类的回归

[①] 本文参照聂辉华等（2012），按企业实收资本占比，将国有资本占比大于 50% 的企业定义为国有企业，将外商资本金占比高于 25% 的企业定义为外资企业，将港澳台资本占比大于 25% 的企业定义为港澳台企业，其余企业定义为民营企业。

结果在表5.7中报告：本书发现，三类企业中仅外资、港澳台企业样本中的 GVC 对技能溢价的倒 U 形影响显著。可能的原因是：与国有企业和民营企业相比，外资企业在面临市场变化时，对企业的技术选择及劳动力结构变化较快，且其利润分配阶段工人工资与企业绩效关系较大。

表 5.7 基于企业所有制的异质性分析结果

PanelA：2004 年样本					
	国有企业		外资、港澳台企业	民营企业	
gvc	0.9558	−0.1101	0.6242***	−0.1213	−0.1204***
	（1.505）	（−1.012）	（5.931）	（−0.707）	（−3.939）
gvcsq	−1.0626*		−0.6128***	0.0009	
	（−1.685）		（−6.296）	（0.005）	
控制变量	是	是	是	是	是
地区 FE	是	是	是	是	是
行业 FE	是	是	是	是	是
N	687	687	23474	14457	14457
adj. R^2	0.482	0.480	0.361	0.360	0.360
PanelB：2001—2007 年样本					
	国有企业		外资、港澳台企业	民营企业	
gvc	0.3481	−0.0837	0.5470***	−0.2141*	−0.1167***
	（0.848）	（−1.261）	（7.233）	（−1.937）	（−5.337）
gvcsq	−0.4289		−0.5347***	0.0985	
	（−1.083）		（−7.744）	（0.910）	
控制变量	是	是	是	是	是
地区 FE	是	是	是	是	是
行业—年份 FE	是	是	是	是	是
N	2555	2555	101411	57558	57558
adj. R^2	0.461	0.461	0.414	0.400	0.400

注：括号内的值为系数的 t 统计量。***、** 和 * 分别表示在 1%、5% 和 10% 水平上显著。

在倒 U 形关系的分析中，国有企业样本与民营企业样本并未体现出显著的差异，但两类企业在技能结构调整与利润分享方面应具有较大的不同，因此，为进一步探讨国有企业和民营企业的异质性，本书进一步考察了这两类样本中技能溢价与 GVC 嵌入度的线性影响。回归结果显示，国有企业嵌入全球价值链后对技能溢价的线性影响并不显著，民营企业的价值链嵌入度提高会降低技能溢价。其可能的原因是，在国有企业中，劳动要素结构及工资变化随市场变化弹性较小，工人工资与绩效之间的关系不强，因此企业嵌入全球价值链对技能溢价不会产生显著的影响；而民营企业引入先进技术难度较大，在一定程度上被锁定在价值链较为低端的位置，因此价值链嵌入度的提高会增强其对非技能劳动的需求，导致技能溢价下降。

第五节　影响机制分析

上文已仔细地考察了企业嵌入全球价值链对技能溢价产生的影响，得到的核心结论是：企业嵌入全球价值链对技能溢价的影响呈倒 U 形。依据理论分析，企业嵌入全球价值链通过技能结构及利润率分享机制两条渠道影响技能溢价。为此，本书进一步对可能的影响机制进行检验。

5.5.1　机制检验结果

一般认为技能劳动相比非技能劳动的生产率更高，为衡量技能结构的变化，本书使用全要素生产率（TFP）作为技能结构的代理变量；使用企业分配工资前利润率（$ln\ profit$）衡量企业盈利能力，为"利润总额""企业应付工资""企业应付福利费"之和与销售产值之比。

表 5.8 报告了影响机制检验的回归结果，第（1）列和第（3）列结果显示，企业嵌入全球价值链与 TFP 呈倒 U 形关系，这与吕越等（2017）的观点是一致的。企业嵌入全球价值链程度较低时，随着 GVC 嵌入度提升，技术外溢效应会提升企业技能劳动占比；而超过拐点后，GVC 嵌入度提升会导致技能劳动占比的下降。这验证了本章假说 1 中的内容，即 GVC 嵌入度与技能劳动占比呈倒 U 形关系，企业对技能劳动需求的提升会提高技能溢价，导致 GVC 嵌入度与技能溢价呈倒 U 形关系。

表 5.8 的第（2）列和第（4）列结果表明，企业的价值链参与度与利润率呈倒 U 形关系，即当 GVC 嵌入度低时，GVC 嵌入度的增加对利润率的影响为正，当嵌入度超过一点后，GVC 嵌入度提升对利润率影响为负，这一结果与前文中关于假说 2 的理论分析一致。在劳动力市场技能劳动不丰裕的情况下，高利润企业往往会为技能劳动支付超额收入，导致利润率越高的企业技能溢价也越高。

表 5.8 影响机制检验

	（1）	（2）	（3）	（4）
	TFP	*ln profit*	*TFP*	*ln profit*
gvc	1.0405***	0.7182***	0.7466***	0.6958***
	（13.046）	（11.584）	（14.688）	（19.202）
gvcsq	−0.6893***	−0.5627***	−0.4496***	−0.5538***
	（−8.839）	（−9.456）	（−9.122）	（−15.955）
控制变量	是	是	是	是
地区 FE	是	是	是	是
行业—年份 FE	是	是	是	是
N	34773	34773	152246	152246
adj. R^2	0.178	0.193	0.204	0.196

注：括号内的值为系数的 t 统计量。***、** 和 * 分别表示在 1%、5% 和 10% 水平上显著。

5.5.2　作用机制的分析

在以上计量分析结果的基础上，本部分对两条影响机制进行进一步讨论。我们知道，当市场运作良好、不考虑不完全竞争带来的扭曲时，技能劳动比非技能劳动会带来更高的边际产出，所以也会获得更高的报酬。正因如此，劳动者才会通过努力掌握技能，以获得更高的收入，只要这种差距在一定范围内，就会作为内生动力助力经济增长，本书称这部分技能工资差距为"好的不平等"，人们对这种取决于技能水平和努力水平差异带来的不平等通常有较高的耐受程度（Alesina 和 Angeletos，2005）。从企业参与全球价值链分工来看，进口中间品对非技能劳动产生替代或引起技术外溢效应时，实现了技能劳动偏向型的技术进步，对技能劳动需求的提升是技术进步的要求也是结果，因此也会同步带来技能溢价的提高；相反，若进口中间品提升了对非技能劳动的需求，技能工资差距会有缩小，但同时也容易出现"低端锁定"的情况。所以，在面对技术进步引起的工资差距时，应持较为客观的态度，从长期来看，生产率和技术进步是经济增长的重要动力。那么针对这类工资差距，可从要素供给角度提出建议，比如加强教育以及培训投入，增加对技能劳动的供给，从而减少技能偏向型技术进步带来的工资差距。

与基于技能差异带来的收入不平等不同，劳动力对并非源于自身技能差异导致的收入差距表现得较为敏感，这种"同工不同酬"的现象往往是由于市场存在摩擦而导致的。现实中，垄断性较强的行业往往会有较高的工资水平，在同一行业中盈利能力强的企业往往会为劳动者支付较高水平的工资，除去技术进步带来利润增加的部分，垄断力量引起的收入差距，被认为是"坏的不平等"。工人议价能力会随着企业嵌入全球价值链发生变化，参与全球价值链生产活动增加了高利润企业技能劳动的议价能力，从而导致工资差距拉大。所以，面对市场不完全导致的"坏的不平等"时，应着眼于如何加强市场竞争、减弱企业的垄断力量提出政策建议。为此，下一部分内容将分别基于产品市场和要素市场，考察市场特征在企业嵌入全球价值链时对工资差距的调节作用。

第六节　市场特征对技能溢价的调节作用分析

在作用机制分析之后，我们应进一步思考的问题是，什么因素会对全球价值链嵌入引起的技能工资差距变化，尤其是技能工资差距扩大产生影响？这将为缓解全球价值链带来的不平等效应提供可能的思路。为此，我们将采用市场分割程度及最低工资变量，考察产品市场和要素市场特征对技能溢价的调节作用。

5.6.1　市场特征变量的引入与模型设定

5.6.1.1　市场分割程度、最低工资的测度与数据来源

依据理论假说 3 提出的观点，产品市场竞争以及劳动力市场竞争程度的加强可以弱化全球价值链嵌入产生的收入不平等效应。为此，本书选择了地区间产品市场分割程度作为度量产品市场竞争程度的指标，市场分割程度越高，地区间的市场竞争程度越弱；选取最低工资指标作为度量劳动力市场竞争的指标，作为一种最低限价方式，最低工资的存在降低了劳动力市场的完全竞争程度。两个指标的具体测算

方法与数据来源如下：

1.市场分割（*market_seg*）。近年来，国内市场一体化程度正逐步推进，但地区市场分割依然存在。地方行政保护与垄断力量为商品的跨地区流动增加了壁垒，阻碍了商品市场在全国范围内的自由竞争。与行业市场集中度类似，市场分割的加剧会在一定程度上促使受保护企业产生较高的垄断利润，进而可能会提高技能溢价。为考察地区市场分割产生的调节作用，本书将 GVC 嵌入水平与市场分割的交叉项引入回归模型中。测算地区市场分割度时，本书参照盛斌和毛其淋（2011），使用价格指数法，其核心思想是使用地区间商品价格差异度量市场分割程度。本书使用 2001—2007 年《中国统计年鉴》中 31 个省份、14 种统计商品[①] 的环比价格指数进行计算。

2.最低工资（*min_wage*）。自 1993 年《企业最低工资规定》颁布以来，我国政府开始推动最低工资制度，最低工资会根据不同地区、时间每两年进行一次调整，这一政策在一定程度上为低收入人群提供了保障。在数据获取层面，我们通过浏览当地政府网站、政策法规和统计公报，最终搜集到 286 个地级市的最低工资数据。

5.6.1.2　模型设定

在调节作用分析中，我们在模型（5.1）的基础上加入调节变量、调节变量与 GVC 的交叉项以及调节变量与 GVC 平方项的交叉项，得到模型（5.8）：

---

① 包括：粮食、油脂、水产品、饮料烟酒、服装鞋帽、纺织品、中西药品及医疗保健用品、化妆品、书报杂志及电子出版物、日用品、家用电器及音响器材、燃料、建筑材料及五金电料、交通通信用品。

$$s_{ijkt}=\theta_0+\theta_1 gvc_{ijkt}+\theta_2 gvc^2_{ijkt}+\theta_3 X+\theta_4 X\times gvc_{ijkt}+\theta_5 X\times gvc^2_{ijkt}+\beta\times$$
$$CV_{it}+\mu_{jt}+\mu_k+\varepsilon_{ijkt} \tag{5.8}$$

为判断调节变量在价值链嵌入对技能溢价影响中的调节作用，需要比较模型（5.8）与模型（5.1）中 GVC 嵌入度对技能溢价的边际贡献，即比较 $MR_1=\alpha_1+2\alpha_2\times\overline{gvc}$ 与 $MR_2=\theta_1+2\theta_2\times\overline{gvc}+\overline{X}+2\times\overline{gvc}\times\overline{X}$ 的相对大小。其中上横线表示该变量的均值。若 $MR_2>MR_1$，表明调节变量的加入会加强 GVC 对技能溢价的边际影响。表 5.9 的第（1）列报告了模型（5.1）的回归结果，第（2）列和第（3）列报告了模型（5.8）的回归结果，调节变量分别为市场分割指数与小时最低工资。

5.6.2 回归结果分析

5.6.2.1 市场分割的影响

近年来，国内市场一体化程度正逐步推进，但地区市场分割依然存在。地方行政保护与垄断力量为商品的跨地区流动增加了壁垒，阻碍了商品市场在全国范围内的自由竞争。市场分割的加剧会在一定程度上促使受地方保护的企业产生较高的垄断利润，进而可能会提高技能溢价。表 5.9 中第（2）列 GVC 对技能溢价的边际影响大于第（1）列中的边际影响，意味着市场分割和垄断力量阻碍了商品市场的自由竞争，强化了全球价值链嵌入引起的收入不平等效应。

5.6.2.2 最低工资的影响

产品市场的特征会对技能工资差距产生调节作用，那么要素市场的特征是否也会对工资差距产生影响？这里考虑最低工资制度在价值链嵌入对技能溢价影响中的调节作用。表 5.9 中第（3）列 GVC 对技能溢价的边际影响也大于第（1）列中的边际影响，这意味着最低工资制度不仅不会减缓技能工资差距，反而会拉大技能工资差距，这一观点与刘贯春等（2017）的结论是一致的。这一结论也是易于理解的，因为最低工资制度要求企业为非技能劳动提供某一水平的工资，但如果企业认为其雇用非技能劳动带来的边际收益小于边际成本，会选择减少对非技能劳动的雇佣，使用其他要素，例如资本、技术或进口中间品替代这部分非技能劳动，这进一步强化了其他要素对非技能劳动的替代，从而进一步拉大了技能工资差距，甚至还可能导致失业的增加。事实上，最低工资制度作为最低限价的一种方式，降低了劳动力市场的自由竞争程度。

　　基于以上对市场一体化以及最低工资制度作用的分析，本书认为地区市场分割以及最低工资会强化全球价值链的收入不平等效应。因此加强地区市场一体化建设，发挥市场配置资源的决定性作用会尽可能扩大全球化带来的正面影响。另外，政府在制定最低工资标准时，也需权衡多方面的经济效应。

表 5.9　市场特征变量对技能溢价影响的分析

	（1）	（2）	（3）
gvc	0.3194***	0.1042	1.3062***
	（5.181）	（1.285）	（6.329）
$gvcsq$	−0.3461***	−0.2093***	−1.1819***
	（−5.985）	（−2.713）	（−5.919）
$gvc \times market\_seg$		11.1670***	
		（4.413）	
$gvcsq \times market\_seg$		−7.4149***	
		（−3.073）	
$market\_seg$		−4.1183***	
		（−11.037）	

	（1）	（2）	（3）
gvc×min_wage			−0.3015***
			（−5.336）
gvcsq×min_wage			0.2580***
			（4.705）
min_wage			0.0097
			（0.804）
控制变量	是	是	是
地区 FE	是	是	是
行业 - 年份 FE	是	是	是
GVC 对技能溢价的边际影响	0.0349	1.0267	0.0487
N	162758	162307	143559
adj R^2	0.406	0.406	0.405

注：括号内的值为系数的 t 统计量。***、** 和 * 分别表示在 1%、5% 和 10% 水平上显著。

第七节　本章小结

本章采用中国工业企业数据库、中国海关贸易数据库以及分地区全国就业人员受教育程度构成数据的合并数据，从微观企业层面实证检验了企业嵌入全球价值链对技能溢价的影响。研究发现：第一，企业嵌入全球价值链对技能溢价的影响呈倒 U 形；第二，异质性分析表明，价值链嵌入对技能溢价的倒 U 形影响在外资企业、东部地区企业样本中依然显著，在国有企业、民营企业以及中西部地区企业样本中的显著性较差；第三，影响机制检验发现，价值链嵌入对技能结构和利润率的倒 U 形影响是企业嵌入全球价值链影响技能溢价的两个可能渠道；第四，地区市场一体化可以缓解企业嵌入全球价值链的收入不平等效应，而最低工资制度会强化企业嵌入全球价值链引起的收入不平等效应。

近年来，中国企业积极深度参与全球价值链生产，这一过程为社会带来福利的同时，伴随着资源的重新配置，而这种重新配置很可能导致不平衡、不均等的发生，而适合的国内政策可以放大全球化的正面影响，尽量降低其负面影响。党的十九大报告中关于社会主要矛盾发生转变的论断为下一步发展提出新的要求，即注重效率发展的同时，要关注不平衡发展的问题。本章基于全球化的视角分析了不平衡发生的微观来源，为理解不平衡发展来源、减缓不平衡发展提供了可能的思路。总体而言，技能劳动偏向型技术进步会引起劳动力市场对技能劳动相对需求的增加，引起"好的不平等"；超额利润的获得会提升技能劳动的议价能力，引起"坏的不平等"。所以，在应对全球化引起的不平衡发展问题时，要注意区别两种不平等的来源。要缓解"好的不平等"可以从要素供给的角度提出建议：加强教育以及培训投入，增加人力资本以及技能劳动，可以降低技能劳动偏向型技术进步带来的技能工资差距。要缓解"坏的不平等"则可以从市场体制完善视角提出建议：通过打破行业垄断、有效削弱市场进入壁垒、加快清理妨碍市场一体化和公平竞争的规定与做法，促进市场经济发挥资源配置的决定性作用可以弱化全球价值链嵌入引起的收入不平等效应。

第六章 全球价值链与劳动收入份额
——基于跨国跨行业的经验分析

全球价值链在提升资源配置效率的同时产生的要素收入分配效应对于实现包容性增长具有重要意义。本书基于世界投入产出数据库（WIOD）2000—2014年44个国家（地区）和56个部门的面板数据实证研究了全球价值链参与度对劳动收入份额的影响。研究表明，整体而言，全球价值链参与度对劳动收入份额有显著的提升作用；在价值链的参与方式中，GVC前向参与对劳动收入份额有显著的负向影响，GVC后向参与对劳动收入份额有显著的正向影响。机制研究表明：制造业与服务业融合、进口竞争效应以及要素替代效应是全球价值链分工模式影响劳动收入份额的重要渠道。此外，以上结论在复杂GVC参与和简单GVC参与、高收入国家与中等收入国家、服务业与制造业不同样本中表现出较为明显的异质性。

第一节 引言

在过去三十余年中，信息技术的迅猛发展与贸易成本的大幅下降推动全球经济实现了一体化，塑造了全球价值链（GVC）生产格局。

新格局下产品生产过程的全球解构是贸易对劳动力市场产生影响的重要路径（WTO，2019）。国际劳工组织公布的数据显示，世界各国劳动收入份额均值自20世纪90年代以来呈下降态势，已然成为全球经济均衡发展的一大问题（刘维林，2021）。那么，同样作为"利益分配链"的全球价值链是否在全球资源配置的同时产生了收入分配效应？或者更具体地说，全球价值链生产模式是否对不同要素收益分配产生了影响？

　　全球价值链生产模式强化了各国的专业化生产程度，也会通过乘数效应放大生产环节对特定要素的需求。依据赫克歇尔—俄林定理与斯托尔帕—萨缪尔森定理可知，对于凭借知识和技术等比较优势参与全球价值链的主体而言，其知识、技术要素会获得更高的收益，从而可能导致劳动要素收入的降低。而对于凭借劳动力比较优势融入全球价值链生产的主体而言，其劳动要素收入应实现提升。但事实上，自2001年加入世界贸易组织（WTO）和凭借劳动力优势跻身"世界工厂"以来，中国并未实现劳动收入份额的持续上升。长期较低的劳动收入份额将会对经济发展以及人力资本提升产生负面影响（陈登科和陈诗一，2018；钞小静和廉园梅，2019）。因此，深入探讨GVC对劳动收入份额的影响并研究改善劳动收入份额的途径十分必要，这也是"以人为本"的包容性增长理念的重要体现。

　　已有文献关注全球经济一体化对劳动收入份额的影响，按照其研究主体的不同，可以分为两类：第一类文献主要以中国为研究对象，探讨中国参与全球化对劳动收入份额的影响，但其结论尚未统一。例如，蒋为和黄玖立（2014）、张少军（2015）、袁媛和綦建红（2019）、余淼杰和梁中华（2014）、罗长远和张军（2009）均认为中国参与国际分工或贸易开放导致了国内劳动收入份额的下降；其影响渠道包括有偏技术进步、资本深化、中国在全球价值链中的低端锁定导致工资降低等。而部分文献认为将劳资谈判因素纳入影响机制考虑后，经济一体化对劳动收入份额的影响并非线性为负，可能出现 U 型影响或正向影响（如白重恩和钱震杰，2010；唐东波，2011）。第二类文献则使用跨国样本关注不同经济体参与 GVC 对其劳动收入份额产生的影响，如 Karabarbounis 和 Neiman（2014）认为全球化导致资本价格下降是密集使用资本要素国家、部门劳动收入份额下降的重要原因。Harrison（2005）使用跨国面板数据验证了国际贸易通过影响各国的要素禀赋影响劳动收入份额，在 1960—1997 年间低收入国家劳动收入份额下降而高收入国家劳动收入份额提升。综上可知，关于全球化对劳动收入份额的影响会因样本、指标选择不一致而得出不一致的结论，所以进一步研究、明确全球化对不同经济体劳动收入份额产生的影响及其机制仍然十分必要。

关于全球化程度的量化，已有大量文献使用贸易开放度、FDI 占GDP 比重、加工贸易占比等指标进行衡量，但这些计算和统计方法并不能反映当前以全球价值链生产网络为基础的国际贸易实际情况（王直等，2015）。因此，随着全球价值链测度体系的逐渐完善，使用包含投入产出关系的全球价值链测算体系考察全球化的经济效应，通过将产业间上下游关系、间接进出口内容囊括其中，将得到更为准确的结论。

本书在以下几点较现有文献有所创新：首先，在样本选择上，本书使用世界投入产出数据库（WIOD）提供的 44 个国家（地区）、56 个行业样本组成的面板数据，在得出跨国跨行业层面一般结论的基础上，研究提高劳动收入份额的途径；此外，相比部分重点关注工业行业参与全球价值链产生收入分配效应的文献，本书将服务业纳入以更加全面考量 GVC 参与对全行业的影响。其次，在指标选择上，本书借鉴 Wang 等（2017a）最新测算全球价值链参与度的方法，融入投入产出关系，刻画一国特定部门参与全球价值链生产的全貌，包括全球价值链前向参与度（包括简单参与、复杂参与程度）、后向参与度（包括简单参与、复杂参与程度），并明确每一部分的含义及对劳动收入份额的影响机制。最后，在研究机制上，相比已有文献提及的机制，本书重点强调了制造业与服务业融合机制对劳动收入份额影响的渠道，为提高劳动收入份额提供了借鉴思路。

本章余下内容的结构安排如下：第二节为理论分析；第三节为计量模型设定、指标测度与数据说明；第四节为实证结果与分析；第五节为影响机制分析；第六节对中国劳动收入份额的 U 型变化进行解读；第七节总结本章。

第二节　理论分析

劳动收入份额指劳动要素收入占总增加值（所有要素收入）的比重。关于劳动收入份额的变动，已有文献主要将其原因分别从宏观层面和微观层面归纳如下：（1）产业结构转型：在经济发展过程中，不同产业的劳动收入份额按其产值加权形成宏观劳动收入份额，劳动收入份额水平较高的行业产值比重提高会导致一国整体劳动收入份额提升（白重恩和钱震杰，2010；罗长远和张军，2009），可以认为产业结构转型是影响宏观劳动收入份额的重要因素，其他三项是微观层面的影响因素；（2）有偏技术进步：偏向资本的技术进步会引起劳动要素集约，导致劳动收入份额的降低（陈宇峰等，2013；黄先海和徐圣，2009）；（3）生产要素相对价格的变化：根据边际成本等于边际收益的生产最优条件，生产要素价格的变化会引起生产要素投入的变化。例如，资本价格的下降会引起劳动要素使用量的减少，从而引起劳动收入份额的降低（陈登科和陈诗一，2018；Karabarbounis 和 Neiman，2014）；（4）市场结构：在市场完全竞争条件下，企业生产产品的成本可以完全转变为产品价格，此时的劳动收入份额与劳动产出的弹性相同；但当市场中存在不完全竞争的情况时，拥有垄断势力的企业可以在生产成本的基础上获得额外的成本加成，并将这部分成本更多地转化为利润，导致利润份额的上升以及劳动收入份额的下降（申广军等，2018；Autor 等，2020）。相反，竞争的加强会对提高劳动收入份额产生显著作用（盛斌和郝碧榕，2021）。为此，基于以上分析，下文将论述全球价值链分工如何通过上述渠道对劳动收入份额产生影响。

6.2.1 参与全球价值链对劳动收入份额的影响

本书认为一国特定行业参与全球价值链对劳动收入份额的影响存在多种机制，与以上四种机制相对应，可归纳为 GVC 产生的产业融合效应（对应产业结构转型）、促竞争效应（对应市场结构）以及要素替代效应（对应有偏技术进步与生产要素相对价格的变化），三者净效应的方向及大小决定了 GVC 对劳动收入份额的影响。具体分析如下：

1. 产业融合效应。全球价值链布局的形成得益于交通运输、电信等服务业的成本降低及大量投入。与此同时，GVC 也克服了服务业不可直接进行贸易的问题，一国可以将服务要素投入制造业生产，从而通过包含服务要素的中间品或最终品以间接实现服务要素的流动（李小帆和马弘，2018）。作为高级要素投入的方式，制造业服务化程度的提高是制造业企业提升竞争优势的重要路径（吕云龙和吕越，2017；刘斌等，2016）。因此，与传统生产模式相比，GVC 会引致对服务业投入的更多需求以实现制造业和服务业更深度的融合（江小涓和孟丽君，2021）。对于服务业而言，其最终产品、服务主要依靠人的体力、智力提供，虽然也需要机械设备，但其重要性远低于在制造业中的重要性（高翔等，2015）。同时，依据 WIOD 社会经济账户（Social Economic Accounting，SEA）提供的数据可以测算，2000—2014 年间，创造单位价值所需服务业行业人员数约为制造业的 1.5 倍，可以认为相较于制造业而言，服务业具有更强的就业吸纳能力，更体现"以人为本"的特征。而就业人数与劳动收入份额有密切的正相关关系（龚刚和杨光，2010），因此服务业的劳动收入份额往往高于制造业，同时制造业服务化程度的提高也会对劳动收入份额有提升作用。为此，可以认为全球价值链生产模式的繁荣发展会通过产业融合效应提升对服务业投入的需求，进而提高劳动收入份额。

2. 促竞争效应。在全球价值链生产模式下，一国特定部门更加关注某个生产环节而非整个产品，因此特定生产部门只要在某个生产环节中具有比较优势就可以融入全球价值链进行"任务贸易"。生产分割与多阶段生产模式在大大提高生产效率与产量的同时，也通过促使中间产品形成全球竞争市场降低了中间产品的价格以及厂商的加成定价能力，与此同时也可能会带来利润分成的降低与劳动收入份额的提升。为此，我们认为在全球价值链分工背景下，进口竞争的加强会促进劳动收入份额的提升。

3.要素替代效应。一方面，由跨国公司主导的 GVC 在整合全球资本要素的同时强化了竞争效应，使得资本价格降低（Leblebicioğlu 和 Weinberger，2021），导致一国特定部门的生产中因资本劳动相对价格降低增加了对资本要素的使用，进而引起劳动收入份额的降低；另一方面，全球价值链生产引起的规模效应以及通过技术溢出实现的技术进步会出现要素偏向而非中性，显然，生产的可分割性更偏向资本与技术要素。因此有偏技术进步也可能会引起资本、技术要素对劳动要素的替代，进而导致劳动收入份额降低。

因此，通过以上分析可知，对于特定部门来说，参与全球价值链带来的产业融合效应、促竞争效应以及要素替代效应会对劳动收入份额产生影响，最终效应的正负取决于以上三种效应的总体净值。

6.2.2 全球价值链不同参与方式对劳动收入份额的异质性影响

6.2.2.1 GVC 前向参与和后向参与对劳动收入份额的影响

理论上，一国特定部门可以通过"前向参与"和"后向参与"两种方式参与全球价值链。依据 Wang 等（2017a），前向参与程度指的是特定部门创造的增加值中用于 GVC 使用部分的比重，这一数值越大，该部门为其他国家、部门提供中间品的能力越强；后向参与程度指的是部门产出中使用的中间品中来源于 GVC 生产部分的比重，这一数值越大，表明其生产过程更多使用了别国 GVC 的生产部分。可以认为，前向参与度越高的部门更倾向于扮演中间品供给者角色，而后向参与度越高的部门更倾向于扮演中间品需求者角色。那么，两种参与方式会对劳动收入份额产生怎样不同的影响？

　　第一，由于中间品供给者完成的前向生产环节往往主要凭借知识、技术等高级要素参与全球生产（苏丹妮，2020）且可分割性较强，因此在提升竞争优势与服务要素投入的同时需要融入更多的技术、资本要素作为投入。相比之下，完成后向生产环节时，生产者会凭借构建分销渠道、完成组装加工等环节对劳动要素有更多的需求，因此往往呈现较强的依附型特征并更多以低成本优势参与前向参与者主导的生产。因此，十分可能出现的现象是：后向生产环节的服务业投入占比高于前向生产，以此为渠道的机制可能对后向生产中劳动收入份额有更强的提升作用。

　　第二，当特定部门参与全球价值链生产，且行业中拥有众多厂商时，促竞争效应会促使中间品降低价格加成，从而降低利润份额、提高劳动收入份额，这一促竞争效应对于上游参与环节和下游参与环节的影响均为正，从而有利于劳动收入份额的提升。但二者的不同之处在于，前向生产环节的知识与技术要素具有更强的专业性，掌握核心技术的主体往往具有较强的进入壁垒，因此其面临的进口冲击可能弱于知识密集度较低的后向生产环节，导致以此为渠道的机制对后向生产的劳动收入份额有更强的提升作用。

　　第三，在全球价值链的多阶段生产过程中，不同生产环节的要素密集度不同。一方面，随着全球要素的整合，易流动的资本要素价格出现下降，生产过程会增加对资本要素的使用，尤其是对于资本密集型生产环节的效应更强。因此前向生产的资本、知识密集型生产环节会更容易增加对资本要素的需求；另一方面，全球价值链带来的规模效应会扩大对具有比较优势要素的需求以提高生产率。因此，前向生产环节可能会扩大对资本的需求，以提供更多的高附加值中间品；而后向生产环节作为需求者，会扩大对劳动要素的需求以实现与中间品的匹配。因此，全球价值链前向参与度提高可能会进一步提升资本密集度，后向参与度的提升则可能会降低资本密集度。结合以上理论分析，将 GVC 参与对劳动收入份额的影响机制绘制成图，如图 6.1 所示。

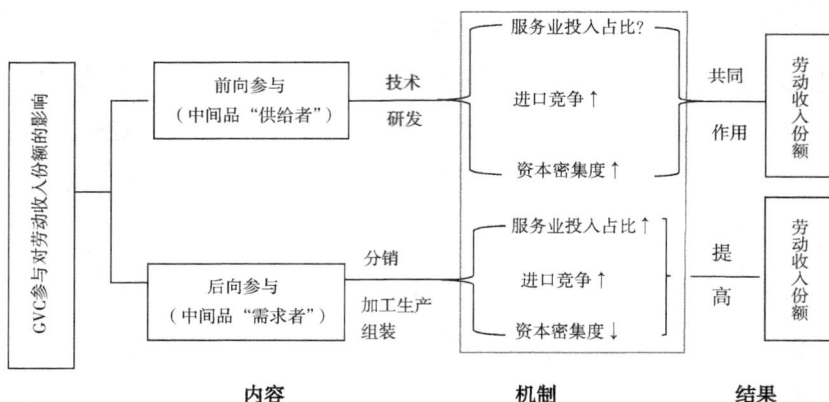

图 6.1　GVC 参与对劳动收入份额的影响机制

6.2.2.2　简单 GVC 与复杂 GVC 参与

简单 GVC 与复杂 GVC 的区别在于参与 GVC 活动的中间品跨越了几次边境，仅跨越一次边境被称为简单 GVC 活动，跨越多次边境被称为复杂 GVC 活动。由于全球经济在繁荣时期商品的流动性更强，Wang 等（2017a）研究表明，复杂 GVC 作为全球化最重要的驱动力量，与全球经济变动有很强的同步关系，而简单 GVC 与经济波动的关系则较弱。类似地，本书认为复杂 GVC 的多次跨境特征可能会对产业融合的需求、产生的进口竞争效应以及要素替代效应与简单 GVC 程度有所不同，有必要探讨二者的异质性。

第三节　计量模型设定、指标测度与数据说明

6.3.1 计量模型设定

为严格考察 GVC 参与对劳动收入份额的影响，本书将计量模型设定如下：

$$ls_{cjt}=\alpha_0+\alpha_1 gvc_{cjt}+\beta CV+\mu_{cj}+\mu_t+\varepsilon_{cjt} \tag{6.8}$$

其中，下标 c 表示国家，j 表示行业，t 表示年份。gvc 表示一国特定部门参与全球价值链的程度，在后文的分析中 gvc 包括整体参与度、前向参与度、后向参与度、简单参与度、复杂参与度具体指标；ls 表示一国特定部门的劳动收入份额；CV 表示劳动收入份额的其他影响因素集合，μ_{cj} 为国家—行业固定效应，μ_t 为时间固定效应，ε_{cjt} 为随机误差项；本书重点关注系数 α_1 的符号及其大小，以分析 GVC 参与对劳动收入份额的影响，若 $\alpha_1>0$，则表明 GVC 参与度的提升会提高劳动收入份额；若 $\alpha_1<0$ 则表明 GVC 参与度的提升会降低劳动收入份额。

6.3.2 指标测度与数据说明

6.3.2.1 全球价值链参与度的测算

本书借鉴 Wang 等（2017a），基于增加值和最终产品生产的分解测算国家—部门的全球价值链参与度，具体如下：假设世界有 G 个国家（g=1，2，…，G），每个国家有 N 个部门（n=1，2，…，N），每个部门的总产出为 X，按照产出去向可将 X 分解为四部分，即：

$$X = \underbrace{\underbrace{A^D X}_{\text{本国中间品使用}} + \underbrace{Y^D}_{\text{本国最终品使用}}}_{\text{本国使用}} + \underbrace{\underbrace{A^F X}_{\text{国外中间品使用}} + \underbrace{Y^F}_{\text{国外最终品使用}}}_{\text{国外使用}} = A^D X + Y^D + E$$

（6.1）

将上式整理，可得：

$$X = (I - A^D)^{-1} Y^D + (I - A^D)^{-1} E = L Y^D + L Y^F + L A^F X \qquad （6.2）$$

其中，$L = (I - A^D)^{-1}$，为本国的里昂惕夫逆矩阵。将式（6.2）左乘增加值对角矩阵 V 可得：

$$VX = VLY^D + VLY^F + VLA^F X = \underbrace{VLY^D}_{(1)} + \underbrace{VLY^F}_{(2)} + \underbrace{VLA^F L Y^D}_{(3)} + \underbrace{VLA^F (X - LY^D)}_{(4)}$$

（6.3）

式（6.3）意味着可以将一国产出中包含的增加值分解为 4 部分：第（1）部分用于本国生产、本国消费；第（2）部分为本国生产、以最终品形式出口的价值增值部分，即传统的国际贸易；第（3）部分和第（4）部分之和为本国生产、以中间品形式出口的价值增值部分，其区别在于跨越了几次边境，第（3）部分为跨越一次边境的部分，称为简单 GVC 生产部分，第（4）部分则为跨越多次边境的复杂 GVC 生产部分。

式（6.3）中的矩阵均为 GN × GN 矩阵，其等式关系在行、列方向均成立。例如，对式（6.3）在行方向进行加总，可以将一国特定部门的价值增值按照其用途进行分解，得出：

$$Va = \underbrace{VLY^D}_{(1)} + \underbrace{VLY^F}_{(2)} + \underbrace{VLA^F L Y^D}_{(3a)} + \underbrace{VLA^F (BY - LY^D)}_{(3b)} \qquad （6.4）$$

对式（6.3）在列方向进行加总，可以将一国特定部门的产值来源进行分解，得出：

$$Y = \underbrace{VLY^D}_{(1)} + \underbrace{VLY^F}_{(2)} + \underbrace{VLA^F L Y^D}_{(3a)} + \underbrace{VLA^F (BY - LY^D)}_{(3b)} \qquad （6.5）$$

式（6.4）、式（6.5）的第（1）、（2）部分内容含义是相近的，即为不涉及国际贸易的最终品产出以及涉及传统国际贸易的最终品产出；式（6.4）的（3a）部分为一国特定部门生产，用于其他国家直接消费的增加值，（3b）部分为一国特定部门出口后再加工并再次出口至第三国的增加值部分；式（6.5）中的（3a）部分表示产出中使用其他国家仅跨越一次边境的出口部分，（3b）部分中包含的其他国家增加值跨越了多次边境。因此，（3a）及（3b）部分是参与 GVC 活动的方式，二者之和占增加值或产值的比重可以表示一国特定部门的 GVC 参与度：增加值中用于 GVC 生产的部分称为前向参与度（gvc_forward），如式（6.6）表达；产值中来源于 GVC 投入的部分称为后向参与度（gvc_backward），如式（6.7）表达。

$$gvc\_forward = \frac{va\_gvc}{va} = \frac{va\_gvc\_s}{va} + \frac{va\_gvc\_c}{va} \qquad (6.6)$$

$$gvc\_backward = \frac{y\_gvc}{y} = \frac{y\_gvc\_s}{y} + \frac{y\_gvc\_c}{y} \qquad (6.7)$$

式（6.6）计算出的 GVC 前向参与度越高，表明该主体的增加值大多通过 GVC 活动输出，在全球生产网络中扮演重要的供给者角色；式（6.7）计算出的 GVC 后向参与度越高，表明一国产出中来源于 GVC 活动的份额越高，在全球生产网络中扮演更重要的需求者角色。本章测算全球价值链参与度指标的数据来源均为 WIOD 数据库与 UIBE 全球价值链数据库。

6.3.2.2　劳动收入份额的测算

劳动收入份额（ls）用劳动要素报酬与总增加值之比表示。WIOD 的社会经济账户（SEA，Social Economic Accounting）提供了 2000—2014 年间 44 个国家（地区）56 个行业的劳动要素报酬以及总增加值，据此可以计算出国家—部门的劳动收入份额。

6.3.2.3 控制变量

参考现有文献，将劳动收入份额的其他影响因素作为控制变量。国家—部门层面控制变量包括：资本禀赋（$k-endow$），使用人均资本拥有量表示，资本要素与劳动要素投入互补，因此生产投入中资本比重的提升会对劳动收入份额产生负面影响，资本禀赋的预期符号为负；产业智能化程度（ai），借鉴杨飞和范从来（2020），采用投入产出表中各行业的计算机制造业和信息服务业投入占中间品总投入比重作为产业智能化代理指标。智能技术一方面会替代部分劳动要素的常规生产活动，减少劳动人数；另一方面也会通过提高在位劳动者的生产率与创造新的工作岗位提高劳动收入，因此其对劳动收入份额的影响方向不确定；进口渗透率（im_pen），进口渗透率衡量了进口竞争情况，某一行业进口产品会通过进口中间品替代劳动效应、加强竞争效应等渠道对劳动收入份额产生影响，预期符号不确定。测算以上控制变量的数据来源均为 WIOD 数据库。

参考现有文献，将劳动收入份额的其他影响因素作为控制变量。国家—部门层面控制变量包括：（1）资本禀赋（k-endow），使用人均资本拥有量表示，资本要素与劳动要素投入互补，因此生产投入中资本比重的提升会对劳动收入份额产生负面影响，资本禀赋的预期符号为负；（2）产业智能化程度（ai），借鉴杨飞和范从来（2020），采用投入产出表中各行业的计算机制造业和信息服务业投入占中间品总投入比重作为产业智能化代理指标，它一方面会替代部分劳动要素的常规生产活动，减少劳动人数；另一方面也会通过提高在位劳动者的生产率与创造新的工作岗位提高劳动收入，因此其对劳动收入份额的影响方向不确定；（3）进口渗透率（ *im_pen* ），该指标衡量了进口竞争情况，某一行业进口产品会通过进口中间品替代劳动效应、加强竞争效应等渠道对劳动收入份额产生影响，预期符号不确定。控制变量的数据来源均为 WIOD 数据库。

国家（地区）层面控制变量包括：（1）人力资本（ *hc* ），人力资本提升会提高劳动工资水平与议价能力，进而提高劳动收入份额，其预期效应为正（蒋为和黄玖立，2014），数据来源为宾夕法尼亚大学世界数据库（Penn World Table，PWT）9.1 版；（2）金融发展水平（ *fin* ），金融发展会提升资本配置效率，降低资金配置成本，经营主体通过将收益留存并分配给劳动者提升劳动收入份额，其预期效应为正，指标的数据来源为世界银行数据库；（3）经济发展水平（ *ln_pgdp* ），依据库兹涅茨周期理论，经济发展水平与收入差距之间呈倒 U 形关系，为考察经济发展水平与劳动收入份额的关系，本书在回归方程中加入了各国的人均 GDP 对数及其平方项，数据来源为世界银行数据库。

6.3.3　变量的统计性描述与典型事实分析

6.3.3.1　变量的统计性描述

依据指标测算，表 6.1 对本书的重要变量进行了统计性描述。

表 6.1　变量的统计性描述

变量	变量符号	观测值	平均值	标准差	最小值	最大值
劳动收入份额	*ls*	29994	0.5826	0.2141	0.0022	1
全球价值链参与度	*gvc*	29994	0.3976	0.2429	0	0.9999
前向参与度	*gvc_forward*	29994	0.2067	0.1619	0	0.9047
前向、简单参与度	*gvc_forward_simple*	29994	0.1259	0.0980	0	0.6624

续表

变量	变量符号	观测值	平均值	标准差	最小值	最大值
前向、复杂参与度	*gvc_forward_complex*	29994	0.0808	0.0705	0	0.5513
后向参与度	*gvc_backward*	29994	0.1909	0.1208	0	0.8530
后向、简单参与度	*gvc_backward_simple*	29994	0.0994	0.0750	0	0.5679
后向、复杂参与度	*gvc_backward_complex*	29994	0.0914	0.1031	0	0.7675
产业智能化程度	*ai*	29994	0.0574	0.1977	0	6.5416
资本禀赋	*k-endow*	29649	5.5298	2.3897	−4.0000	16.1089
人力资本	*hc*	29994	3.0788	0.4504	1.7821	3.7343
金融发展水平	*fin*	29353	79.3227	45.6474	6.3600	260.7
经济发展水平	*lnpgdp*	29994	10.1094	0.6441	7.5943	11.4530

6.3.3.2 典型事实分析

1.GVC 参与度及劳动收入份额的变化

图 6.2 使用 WIOD 社会经济账户数据绘制全球及中国、德国、美国劳动收入份额的变化。首先，使用各行业的增加值权重计算各国劳动收入份额，使用各国人口权重计算 WIOD 中 43 个国家（地区）劳动收入份额的加权平均值。其次，为观察全球价值链中部分重点参与国的国别参与状况，本书选取全球价值链中"三足鼎立"的三个主要国家——中国、美国与德国（鞠建东等，2020）样本，绘制其劳动收入份额变化。由图 6.2 可知，各国劳动收入份额均值以及中国劳动收入份额变化呈明显的 U 形趋势，德国劳动收入份额也呈现较弱的 U 形趋势，而美国的劳动收入份额变化整体呈下降趋势。

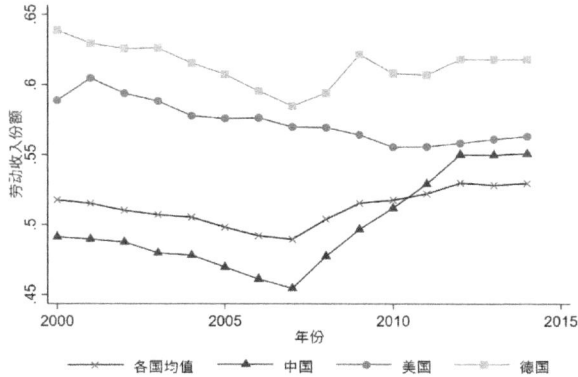

图 6.2　劳动收入份额变化趋势

数据来源：基于 WIOD 数据计算绘制。

接着，图 6.3 绘制了中国、美国与德国参与 GVC 程度的变化，由图可知德国 GVC 参与度维持在较高水平，美国 GVC 参与度水平较低，中国自从加入 WTO 之后参与 GVC 的程度大幅上升，但在 2008 年之后开始递减，整体参与度水平居于美国和德国之间。

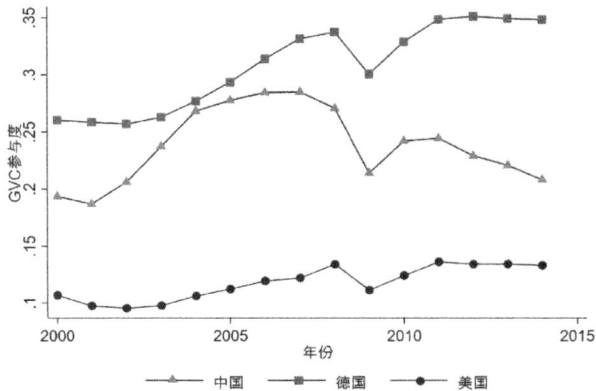

图 6.3　中国、德国、美国 GVC 参与度变化

数据来源：基于 WIOD 数据计算绘制。

　　为进一步观察以上三国参与 GVC 的方式，图 6.4 和图 6.5 将 GVC 参与区分为前向与后向 GVC 参与并绘制其变化趋势。依据图 6.4 和图 6.5 可知，中国参与 GVC 主要以后向参与为主，即扮演中间品"需求者"角色，但这一现象自 2010 年起开始减弱，德国的 GVC 前、后向参与度均较高且整体呈上升趋势，而美国的 GVC 前、后向参与度均较低。

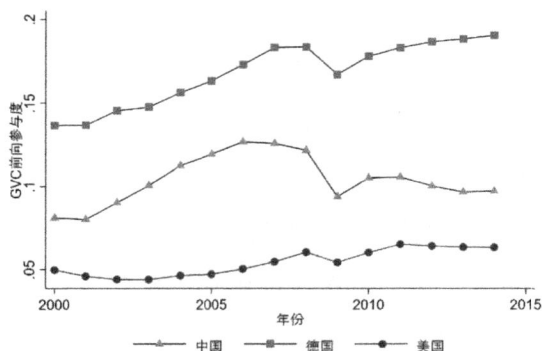

图 6.4　中国、德国、美国 GVC 前项参与度变化

数据来源：使用 WIOD 数据计算绘制。

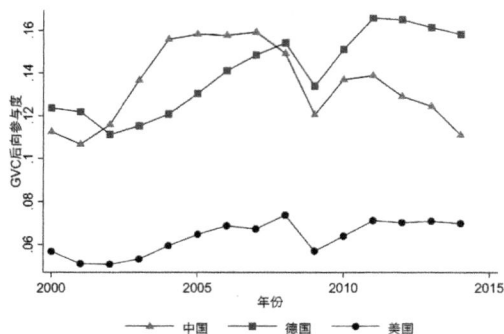

图 6.5　中国、德国、美国 GVC 后项参与度变化

数据来源：使用 WIOD 数据计算绘制。

2.GVC 参与和劳动收入份额关系的初步观察

从图 6.6 绘制了 2014 年全球 GDP 前十位国家在 2014 年的 GVC 参与度以及劳动收入份额，左轴为 GVC 参与度的刻度，右轴为劳动收入份额、GVC 地位指数的刻度。从中可以大致看出：不同国家的价值链参与度差异较大，且前后向参与结构也具有差异性，后向参与度比前向参与度高很多的国家，即全球价值链地位较低的国家劳动收入份额较高。

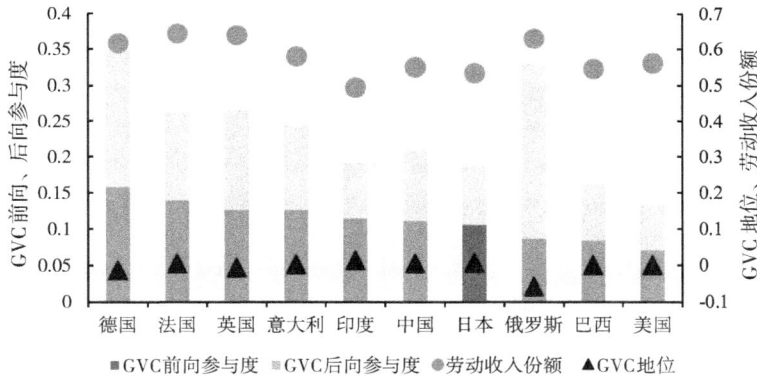

图 6.6　全球十大经济体 GVC 参与度与劳动收入份额（2014 年）

数据来源：使用 WIOD 数据计算绘制。

第四节　实证结果与分析

6.4.1　基准回归结果

6.4.1.1　基于 GVC 参与度的基准回归

表 6.2 报告了基准回归结果。其中第（1）列中全球价值链参与度

的回归系数显著为正，表明整体来看一国特定行业提升全球价值链参与度会对劳动收入份额产生提升效应，产业融合效应、促竞争效应以及要素替代效应的共同作用为正。为了明确 GVC 参与方式对劳动收入份额的异质性影响，第（2）列和第（3）列分别使用 GVC 前向参与度和 GVC 后向参与度作为解释变量进行回归。结果显示，前向 GVC 参与度提升显著降低了劳动收入份额，即前向参与产生的产业融合效应、促竞争效应以及资本替代劳动要素效应引起了劳动收入份额的负向变化。而后向 GVC 参与度提升则显著提高了劳动收入份额，表明三种效应共同导致劳动收入份额的提高。

第（4）至（6）列分别在第（1）至（3）列基础上加入控制变量，核心解释变量的回归系数及显著性没有发生较大变化，表明 GVC 参与度的提升会引起劳动收入份额的提高，强化前向参与度会降低劳动收入份额，而强化后向参与度则会提高劳动收入份额。在控制变量中，资本密集度变量回归系数显著为负，表明产业中资本要素密集度的提高会提高资本收入份额，进而引起劳动收入份额的降低，这一结论符合预期也是易于理解的，即劳资替代导致劳动、资本要素收入份额的此消彼长。产业智能化程度回归系数显著为正，表明产业智能化程度提高产生的就业创造效应与生产率提升效应带来的劳动收入份额提升程度大于替代常规劳动引起的劳动收入份额降低，净效应表现为对劳动收入份额的正向影响。与预期一致，人力资本的提升因提高劳动力的议价能力与工资水平对劳动收入份额产生正向作用。金融发展水平的提高促使资源更进一步优化配置，减少参与主体的利益留存，从而对劳动收入份额产生提升效应。此外，使用人均 GDP 衡量经济发展水平时，与劳动收入份额之间呈倒 U 形关系，表明随着经济发展水平的提高，劳动收入份额呈现先上升后下降的趋势。

表 6.2　基准回归结果

	（1）	（2）	（3）	（4）	（5）	（6）
gvc	0.0812***			0.0764***		
	（9.830）			（9.072）		
gvc_foward		−0.0778***			−0.0709***	
		（−7.475）			（−6.766）	
gvc_backward			0.4981***			0.4941***
			（31.322）			（29.613）
ai				0.1029***	0.1091***	0.0524***
				（12.166）	（12.950）	（6.145）
k-endow				−0.0469***	−0.0463***	−0.0452***
				（−25.274）	（−24.891）	（−24.689）
hc				0.0505***	0.0523***	0.0456***
				（4.281）	（4.431）	（3.927）
lnpgdp				0.3827***	0.3396***	0.4276***
				（10.153）	（9.018）	（11.523）
lnpgdp_sq				−0.0183***	−0.0162***	−0.0201***
				（−8.945）	（−7.933）	（−9.964）
fin				0.0486***	0.0483***	0.0534***
				（15.932）	（15.804）	（17.725）
国家—行业 FE	是	是	是	是	是	是
年份 FE	是	是	是	是	是	是
N	30032	30032	30032	29042	29042	29042
adj. R^2	0.877	0.876	0.880	0.877	0.877	0.880

注：括号内的值为系数的 t 统计量，***、** 和 * 分别表示在 1%、5% 和 10% 水平上显著。

6.4.1.2 基于简单 GVC 与复杂 GVC 的基准回归

Wang 等（2017a）研究表明，复杂 GVC 是全球化过程中最重要的驱动力量，相比简单 GVC 而言，与经济增长之间具有较强的同步性。那么简单 GVC 与复杂 GVC 参与是否对劳动收入份额也有异质性影响？

表3使用GVC前、后向的简单与复杂参与度作为核心解释变量，考察其对劳动收入份额的影响。

从第（1）列和第（2）列结果可以看出，GVC前向简单参与和复杂参与都会对劳动收入份额产生显著负向影响，但复杂参与度对劳动收入份额的影响程度更大。这主要是由于前向参与环节作为中间品的"供给者"，其知识和技术投入比重较高，资本密集度也整体较高，更深入来看，跨越多次边境的价值链活动往往包含更高的知识密集度，因此，相对于简单GVC参与，复杂GVC参与的资本密集度更高、服务化程度相对低于简单GVC参与，净效应体现为对劳动收入份额更大程度的影响。而从第（3）列和第（4）列对比来看，简单、复杂GVC后向参与度的系数为正，但均不显著，与表6.2的第（3）和（6）列结果对比，本书认为GVC后向参与程度会对劳动收入份额产生显著的正向影响，但并不因其参与方式的简单或复杂表现出对劳动收入份额的异质性影响。这主要是由于后向参与环节中知识和技术投入占比较低，多次跨境活动与一次跨境活动在服务业占比、进口竞争程度、要素投入占比方面未体现出较大差异。

表6.3 简单GVC、复杂GVC对劳动收入份额的影响

	（1）	（2）	（3）	（4）
gvc_foward_simple	−0.0620***			
	（−3.787）			
gvc_foward_complex		−0.2275***		
		（−9.720）		
gvc_backward_simple			0.0011	
			（1.206）	
gvc_backward_complex				0.0003
				（0.333）

续表

	（1）	（2）	（3）	（4）
ai	0.1098***	0.1083***	0.1104***	0.1104***
	（13.034）	（12.864）	（13.102）	（13.095）
k−endow	−0.0464***	−0.0463***	−0.0467***	−0.0467***
	（−24.960）	（−24.936）	（−25.113）	（−25.115）
hc	0.0519***	0.0531***	0.0519***	0.0518***
	（4.396）	（4.506）	（4.400）	（4.391）
lnpgdp	0.3498***	0.3248***	0.3547***	0.3550***
	（9.292）	（8.618）	（9.427）	（9.436）
lngdp_sq	−0.0168***	−0.0154***	−0.0170***	−0.0170***
	（−8.195）	（−7.530）	（−8.309）	（−8.317）
fin	0.0005***	0.0005***	0.0005***	0.0005***
	（15.685）	（16.105）	（15.722）	（15.719）
国家—行业 FE	是	是	是	是
年份 FE	是	是	是	是
N	29042	29042	29042	29042
adj. R^2	0.876	0.877	0.876	0.876

注：括号内的值为系数的 t 统计量，***、** 和 * 分别表示在 1%、5% 和 10% 水平上显著。

6.4.2　内生性检验

一般情况下，内生性的来源包括反向因果、遗漏变量与测量误差。第一，一国特定部门参与全球价值链的程度与方式取决于其生产过程中的比较优势，劳动收入份额作为生产结束后收益分配的结果，对全球价值链参与的反向因果十分微弱；第二，在基准模型设定中，本书在面板数据回归中控制了国家—行业层面固定效应，在很大程度上避免了可能存在的遗漏变量问题；第三，本书使用的全球价值链指标基础数据来源于世界投入产出表，该表是基于各国贸易数据编制而成的，具有较强的权威性。UIBE 数据库提供了基于 Wang 等

（2017a，2017b）测算所得的全球价值链指标体系，因此，由于测量误差导致的内生性问题也是十分微弱的。但是为了避免潜在的内生性，本书依然使用了如下方法以保证结论的稳健性。具体来说：首先，借鉴 Lewbel（1997）使用变量自身构造工具变量的思想，采用 GVC 参与度与其均值差值的三次方作为工具变量，并使用二阶段最小二乘法进行回归，其回归结果在表 6.4 的第（1）和（4）列中报告；其次，采用 GVC 参与度的滞后一期作为工具变量，进行二阶段最小二乘法回归，主要原因在于滞后一期值往往与内生变量具有相关性，但与误差项相关性较低，其回归结果在表 6.4 的第（2）和（5）列中报告；最后，本书也使用 GVC 参与度的滞后一期放在回归方程中，使用固定效应模型进行回归，其回归结果在表 6.4 的第（3）、（6）列中报告。回归结果表明，通过以上方法克服可能存在的内生性之后，GVC 前向参与对劳动收入份额有显著负向影响，GVC 后向参与对劳动收入份额有显著正向影响这一结论依然稳健。

表 6.4　内生性检验

	（1）	（2）	（3）	（4）	（5）	（6）
	2SLS	2SLS	FE	2SLS	2SLS	FE
gvc_foward	−0.0733***	−0.0988***				
	（−4.085）	（−7.017）				
L1.gvc_foward			−0.0656***			
			（−6.154）			
gvc_backward				0.3479***	0.3525***	
				（12.528）	（15.201）	
L1. gvc_backward						0.2686***
						（15.841）
ai	0.1090***	0.1127***	0.1015***	0.0695***	0.0702***	0.0773***
	（12.938）	（12.317）	（11.541）	（7.793）	（7.408）	（8.679）

	（1）	（2）	（3）	（4）	（5）	（6）
	2SLS	2SLS	FE	2SLS	2SLS	FE
$k-endow$	−0.0462***	−0.0480***	−0.0493***	−0.0456***	−0.0470***	−0.0486***
	（−24.854）	（−24.266）	（−24.975）	（−24.880）	（−24.115）	（−24.752）
hc	0.0523***	0.0587***	0.0599***	0.0475***	0.0575***	0.0556***
	（4.432）	（4.718）	（4.808）	（4.079）	（4.690）	（4.482）
$lnpgdp$	0.3391***	0.3364***	0.3594***	0.4061***	0.4156***	0.4033***
	（8.972）	（8.627）	（9.221）	（10.886）	（10.806）	（10.390）
$lnpgdp\_sq$	−0.0162***	−0.0156***	−0.0169***	−0.0192***	−0.0191***	−0.0187***
	（−7.896）	（−7.403）	（−7.994）	（−9.477）	（−9.188）	（−8.916）
fin	0.0005***	0.0006***	0.0006***	0.0005***	0.0006***	0.0006***
	（15.805）	（16.683）	（17.201）	（17.119）	（17.866）	（18.273）
国家—行业 FE	是	是	是	是	是	是
年份 FE	是	是	是	是	是	是
识别不足检验	9877.907	1.6e+04		1.1e+04	1.5e+04	
弱工具变量检验	1.4e+04	3.7e+04		1.5e+04	3.0e+04	
	{16.38}	{16.38}		{16.38}	{16.38}	
N	29042	26603	26876	29042	26603	26876
adj. R^2	−	−	0.887	−	−	0.888

注：括号内的值为系数的 t 统计量，***、** 和 * 分别表示在 1%、5% 和 10% 水平上显著。花括号内数值为 Stock-Yogo 检验 10% 水平上的临界值。

6.4.3　稳健性分析

由于劳动力市场的调整需要经历较为长期的过程，因此对外部冲击的反应具有一定的时滞。本书为了更好地捕捉全球价值链参与度对劳动收入份额变动的长期影响，参考戴觅等（2019）在样本期内利用首尾两年（2000 年和 2014 年）构造了一个时间较长的差分，检验结论的稳健性。回归结果在表 6.5 中报告，整体来看，得到的结论依然与前文保持一致，虽然第（5）列中前向参与度差分项的统计意义不显著，但仍是存在负向影响。

表6.5　稳健性分析

	（1）	（2）	（3）	（4）	（5）	（6）
Δgvc	0.0651**			0.0832***		
	（2.137）			（2.610）		
Δgvc_forward		−0.0695*			−0.0527	
		（−1.803）			（−1.301）	
Δgvc_backward			0.4642***			0.4798***
			（7.474）			（7.503）
控制变量	否	否	否	是	是	是
行业 FE	是	是	是	是	是	是
N	1854	1854	1854	1819	1819	1819
adj. R^2	0.029	0.028	0.056	0.037	0.035	0.064

注：括号内的值为系数的 t 统计量，***、** 和 * 分别表示在 1%、5% 和 10% 水平上显著。

6.4.4 异质性分析

6.4.4.1 不同国家样本分析

在全球价值链生产过程中，特定国家、部门依据比较优势完成特定加工环节。发达国家往往具有更丰裕的知识要素与资本要素，更容易发挥其比较优势，主导全球价值链生产，并获得更高的附加值，而发展中国家在要素价格方面往往会具有优势，更容易依附价值链进行生产。因此，明确不同类型国家参与全球价值链对劳动收入份额的异质性影响有助于探索不同国家改变劳动收入份额的适当路径和方法。因此，表6.6 以中等收入国家[①] 为基准，考察不同收入水平国家参与全

---

① 国家收入水平分类依据世界银行标准，在 WIOD 数据库中 43 个国家（地区）（除去其他国家 ROW）中，中收入国家（地区）包括：保加利亚、巴西、中国、印度尼西亚、印度、墨西哥、俄罗斯、中国台湾、土耳其，其余为高收入国家（地区）。

球价值链对劳动收入份额的影响是否有显著的差异。

表6.6中第（1）、（2）列结果显示，GVC参与度与高收入国家虚拟变量的交叉项回归系数显著为正，表明GVC参与对劳动收入份额的正面促进作用对高收入国家来说更为显著。第（3）—（6）列考察了两类国家在GVC前、后向参与中可能存在的异质性。结果表明，GVC前向参与对劳动收入份额的降低作用对两类国家没有显著区别，但是后向参与提升劳动收入份额的效应对发达国家而言更加显著。这一结论也是易于理解的：高收入国家在全球价值链中往往扮演"供给者"的角色，以为后向生产环节提供知识和技术要素为主，因此往往是资本、技术密集型生产环节，劳动收入份额较低，加强劳动密集型的后向参与环节可以产生显著的促进劳动收入份额的提升作用。而中收入国家扮演中间品"需求者"角色，以劳动密集型生产环节为主，因此，其后向参与对劳动收入份额的边际提升作用低于高收入国家。

表6.6　不同国家样本异质性分析

	（1）	（2）	（3）	（4）	（5）	（6）
gvc	−0.0494***	−0.0497***				
	（−2.877）	（−2.796）				
gvc*high_income	0.1630***	0.1580***				
	（8.676）	（8.046）				
gvc_forward			−0.1052***	−0.0913***		
			（−4.798）	（−4.120）		
gvc_forward*high_income			0.0346	0.0259		
			（1.420）	（1.047）		
gvc_backward					0.0540	0.0449
					（1.435）	（1.117）
gvc_backward*high_income					0.5251***	0.5293***
					（13.019）	（12.267）

续表

	（1）	（2）	（3）	（4）	（5）	（6）
控制变量	否	是	否	是	否	是
国家—行业 FE	是	是	是	是	是	是
年份 FE	是	是	是	是	是	是
N	30032	29042	30032	29042	30032	29042
adj. R^2	0.877	0.877	0.876	0.877	0.881	0.881

注：括号内的值为系数的 t 统计量，***、** 和 * 分别表示在 1%、5% 和 10% 水平上显著；在所有回归中均已加入国家类型、GVC 参与度的单独项以及二者的交叉项，国家—行业固定效应将国家类型项吸收，未报告其回归系数。

6.4.4.2 不同行业样本异质性分析

Wang 等（2017b）表明，服务业整体参与 GVC 水平较低，但增长速度较快。较低的水平可能是由于其不可分割和不可贸易导致的，但其作为中间服务投入制造业的方式提高了其参与 GVC 的程度。此外，两类行业参与 GVC 产生的产业融合效应、进口竞争效应以及要素替代效应可能会因其行业特征具有较大差异，因此为考察制造业和服务业参与 GVC 的差异性，表 6.7 报告了基于制造业样本和服务业样本的回归结果。

其中，第（1）列结果表明制造业行业整体参与 GVC 程度的提高并未对劳动收入份额产生显著影响，相比之下第（4）列结果显示服务业样本中 GVC 参与程度的提高显著提升了劳动收入份额。进一步考察不同嵌入方式对劳动收入份额影响时发现，不论在制造业样本还是服务业样本中，前向参与度的提升都会对劳动收入份额产生显著负向影响，但劳动收入份额对制造业的 GVC 参与更敏感。后向参与度的提升会对两类行业的劳动收入份额产生正向影响，对服务业的提升作用更为明显。结合理论分析，这一结论也是合理的：服务业吸纳就业的能力较强，积极参与全球价值链带来的规模效应会扩大行业对劳动力的需求，引起劳动收入份额的提升，且这一程度大于制造业行业参与GVC引起的劳动收入份额提升。因此，推动服务业积极参与全球价值链，增强制造业投入与产出服务化是提升劳动收入份额的重要途径。

表 6.7　不同行业样本异质性分析

	制造业			服务业		
	（1）	（2）	（3）	（4）	（5）	（6）
gvc	−0.0083			0.1323***		
	（−0.619）			（10.754）		
gvc_forward		−0.1296***			−0.0389**	
		（−7.795）			（−2.537）	
gvc_backward			0.3131***			0.5798***
			（11.551）			（24.934）
控制变量	是	是	是	是	是	是
国家—行业 FE	是	是	是	是	是	是
年份 FE	是	是	是	是	是	是
N	9187	9187	9187	17782	17782	17782
adj. R^2	0.834	0.835	0.836	0.898	0.897	0.901

注：括号内的值为系数的 t 统计量，***、** 和 * 分别表示在 1%、5% 和 10% 水平上显著。

第五节　影响机制分析

为考察全球价值链影响劳动收入份额的中介变量所发挥的渠道作用，本书参考江艇（2022）对中介效应分析的操作建议，提出本书的方案。首先，依据经济学理论，分析中介变量对被解释变量即劳动收入份额的影响；其次，把研究中心聚焦到全球价值链对中介变量影响的考察上，以形成完整的链条。这一方法在樊海潮和胡冬敏（2022）、谢红军和吕雪（2022）等文献中已得到应用。

本书认为参与全球价值链通过以下三种渠道影响劳动收入份额：一是产业融合效应，本书借鉴刘斌等（2016），使用 WIOD 中服务业要素投入占总产出比重表示行业的服务化程度。二是促竞争效应，本书采用进口渗透率即行业产出中来自别国的中间投入占比衡量。三是要素替代效应，本书采用资本密集度变量度量。为对中介效应的第一步进行完善，在上述理论分析基础上，表 6.8 报告了三个中介变量对被解释变量的影响，由表 6.8 可知服务业投入占比以及进口渗透率的提高会提升特定部门行业的劳动收入份额，而资本密集度的提高则会对劳动收入份额产生显著负向影响。

表 6.8　中介变量对劳动收入份额的影响分析

	（1）	（2）	（3）
	ser	*import*	*k-endow*
ser	0.5372***		
	（45.941）		
import		0.4981***	
		（37.177）	
k-endow			−0.0406***
			（−25.752）
国家—行业 FE	是	是	是
年份 FE	是	是	是
N	29042	29042	29042
adj. R^2	0.920	0.993	0.990

注：括号内的值为系数的 t 统计量，***、** 和 * 分别表示在 1%、5% 和 10% 水平上显著。

在分析三种中介变量对劳动收入份额的影响后，表 6.9 报告了三种中介变量作为被解释变量，全球价值链参与度作为解释变量的回归结果。由第（1）列结果可知，GVC 参与度提升会显著提升行业的服务投入占比。与理论分析一致，全球价值链的生产与贸易模式克服了服务业不可直接贸易的问题，一国可以通过将服务业要素投入制造业生产实现服务要素的流动，由于服务业的就业吸纳能力和劳动收入份额往往大于制造业，服务化程度的提升也提高了行业的劳动收入份额；第（2）列结果表明，GVC 参与度提升会提高进口渗透率。参与主体从更广范围获得中间品投入，加剧了行业进口竞争，降低利润份额的同时对劳动收入份额产生提升效应。第（3）列结果表明 GVC 参与提高了行业的资本密集度。通过要素价格变化及技术偏向进步，参与主体的要素结构发生了变化，进而对劳动收入份额产生负面影响。通过将表 6.9 结果与表 6.2 的第（1）列比对，可以得知三种机制的净效应带来了劳动收入份额的提升，即 GVC 参与引起的产业融合效应、进口竞争效应对劳动收入份额的提升作用大于要素替代效应引起的劳动收入份额的下降作用。

表 6.9　GVC 参与度影响劳动收入份额的机制分析

	（1）	（2）	（3）
	ser	*import*	*k−endow*
gvc	0.0939***	0.2541***	0.0619**
	（23.396）	（87.118）	（2.240）
ai	0.0640***	0.0828***	0.0096
	（15.877）	（28.290）	（0.346）
k−endow	−0.0067***	0.0006	
	（−7.566）	（0.979）	
hc	−0.0121**	−0.0324***	0.0602
	（−2.154）	（−7.932）	（1.556）
pgdp	−0.2139***	−0.0541***	4.2356***
	（−11.909）	（−4.142）	（35.001）
pgdpsq	0.0120***	0.0029***	−0.1667***
	（12.266）	（4.064）	（−25.084）

续表

	（1）	（2）	（3）
	ser	*import*	*k-endow*
fin	0.0002***	−0.0000***	0.0017***
	（13.175）	（−2.638）	（16.622）
国家—行业 FE	是	是	是
年份 FE	是	是	是
N	29042	29042	29042
adj. R^2	0.920	0.993	0.990

注：括号内的值为系数的 t 统计量，***、** 和 * 分别表示在1%、5% 和10% 水平上显著。

为了考察 GVC 前、后向参与对劳动收入份额产生影响的机制，表 6.10 分别使用前向参与度与后向参与度作为核心解释变量进行分析。由回归结果可知：第一，GVC 前向参与度的提高会降低服务业投入占比，而后向参与则会提升服务业投入占比。这一结果表明作为全球价值链生产环节中的主要"供给者"，前向参与度的提高主要以加强知识、技术、资本密集型要素投入为特点，而作为中间品的"需求者"，后向参与度的提升会在分销、加工组装等工序中强化对服务业的需求，从而对劳动收入份额产生提升作用；第二，GVC 前向参与度提高表明其本国生产的增加值部分更多用于别国的需求，而后向参与度的提高则表明总产值中来源于别国的成分提高。因此，后向价值链参与会引起更强的进口竞争，带来劳动收入份额的提升；第三，虽然参与全球价值链带来的规模效应会同时增加对资本与劳动的需求，但因要素价格变化以及技术溢出效应的程度不同，生产环节的特定要求具有要素偏向性。回归结果表明前向 GVC 参与度的提升偏向资本，而后向 GVC 参与度更偏向劳动要素。

表 6.10　GVC 前向和后向参与度对劳动收入份额影响的机制分析

	（1）	（2）	（3）	（4）	（5）	（6）
	ser	*import*	*k-endow*	*ser*	*import*	*k-endow*
gvc_forward	−0.0406***	0.0643***	0.1921***			
	（−8.074）	（15.755）	（5.597）			
gvc_backward				0.4857***	0.8581***	−0.2527***
				（63.970）	（209.972）	（−4.551）
ai	0.0725***	0.1091***	0.0193	0.0162***	0.0071***	0.0454
	（17.910）	（33.218）	（0.699）	（4.175）	（3.404）	（1.600）
k-endow	−0.0062***	0.0010		−0.0049***	0.0040***	
	（−6.904）	（1.386）		（−5.924）	（8.931）	
hc	−0.0101*	−0.0281***	0.0602	−0.0165***	−0.0385***	0.0645*
	（−1.790）	（−6.105）	（1.556）	（−3.121）	（−13.542）	（1.667）
pgdp	−0.2568***	−0.1324***	4.2505***	−0.1766***	−0.0202**	4.1735***
	（−14.192）	（−9.017）	（35.203）	（−10.459）	（−2.219）	（34.516）
pgdpsq	0.0140***	0.0065***	−0.1676***	0.0106***	0.0019***	−0.1640***
	（14.249）	（8.172）	（−25.254）	（11.501）	（3.809）	（−24.700）
fin	0.0002***	−0.0000***	0.0016***	0.0002***	0.0000***	0.0016***
	（12.655）	（−4.155）	（16.506）	（17.296）	（6.197）	（16.264）
国家—行业 FE	是	是	是	是	是	是
年份 FE	是	是	是	是	是	是
N	29042	29042	29042	29042	29042	29042
adj. R^2	0.919	0.992	0.990	0.929	0.997	0.990

注：括号内的值为系数的 t 统计量，***、** 和 * 分别表示在 1%、5% 和 10% 水平上显著。

　　将表 6.10 与表 6.2 结果对比可知，GVC 前向参与引起的产业融合效应与要素替代效应对劳动收入份额的降低程度大于进口竞争引起的劳动收入份额提升程度，因此净效应表现为劳动收入份额的下降；而 GVC 后向参与引起的服务业投入占比上升、进口竞争加强以及资本密集度降低效应共同作用下劳动收入份额实现了提升。

第六节　对中国劳动收入份额 U 型变化的解读

由图 6.2 可知，中国劳动收入份额的变迁以 2008 年金融危机为分界呈现明显的 U 型变化趋势。第一阶段的 2000—2007 年间，中国与全球其他国家劳动收入份额出现同步下降。尽管在这一阶段中国加入 WTO 并积极融入全球价值链生产，在低技能劳动力要素禀赋中具有比较优势（江小涓，2019），但是这一方式无法为劳动要素带来较高的收入、争取更多的贸易利益，甚至反而可能因为进口替代效应挤压了国内的劳动收入（刘维林，2021），因此呈现劳动收入份额的整体下降。在第二阶段即 2008—2014 年间，虽然中国参与 GVC 程度呈下降趋势，但是劳动收入份额出现了明显的反弹。刘维林（2021）提出其可能的原因是 2008 年之后，在党的十七大报告提出要"提高劳动报酬在初次分配中的比重"的背景下，中国主动加速了产业升级的步伐，大力推进劳动密集型产业的转型发展，表现为使用国内高收入劳动要素对国外要素进行替代、国内附加值的快速上升。同时，由于劳动报酬份额与本国的知识、技能和熟练程度直接相关（Piketty，2014），中国的人力资本在实施大学本科扩招之后释放出的红利对推动劳动收入份额提升也发挥了积极作用。那么通过全球价值链视角是否可以对中国劳动收入份额变动有新的解读视角？

通过图 6.4 可知，中国整体参与前、后向全球价值链的程度都呈现倒 U 形趋势，且后向参与度下降更多，按照国际规律，其劳动收入份额应出现下降，但事实并非如此。为此，本书使用中国数据，考察中国参与全球价值链对劳动收入份额的影响并探究其机理。由

表 6.11 结果可知，以中国作为样本进行考察时，积极参与全球价值链带来了劳动收入份额的下降，无论是前向参与还是后向参与均会对劳动收入份额产生负向影响。从机制角度分析，这一结论表明中国参与全球价值链引起的资本替代要素效应大于进口竞争效应以及产业融合效应对劳动收入份额的正向影响。第（4）、（5）列考察中，本书分别分析了制造业与服务业参与全球价值链产生的收入分配效应，结果表明，制造业参与全球价值链对劳动收入份额带来较大的负面作用，而服务业参与全球价值链未对劳动收入份额有显著的影响。对于第（4）列结论的理解，我们认为可能的原因主要包括两方面：一方面，中国制造业参与全球价值链，尤其在 2008 年之前会获得较强的技术外溢，技术外溢效应提高了对资本、技术要素密集度的要求，进而可能降低对劳动要素的需求以及劳动收入份额；另一方面，中国制造业中包含的加工贸易模式不可忽略（戴觅等，2014），在对加工贸易的核算中，其 GVC 参与程度较高，但对于中国而言，这部分 GVC 参与部分大大发挥了中国的劳动力成本优势，较低的劳动价格引起了劳动收入份额的降低。

总体而言，中国参与全球价值链对劳动收入份额的影响为负，前、后向参与方式并未表现出明显差异，这一问题是值得深思的。结合机制讨论而言，我国参与全球价值链产生的产业融合效应并不明显，制造业、服务业参与 GVC 的过程未将更多的服务业融入产品中进行销售，换言之，GVC 参与引起的上下游联动效果效应不够显著。因此，在推动中国积极参与全球价值链的同时，一方面，要注重制造业与服务业的深度融合，提高服务业的投入，促进劳动收入份额提高的同时也会实现产业向高端攀升；另一方面，要注重通过提高劳动力技能水平提高其要素报酬，使用更高质量的劳动要素完成生产活动，不仅可以推动价值链的高质量发展，也可以为要素带来更多收益。

表 6.11　中国参与全球价值链对劳动收入份额的影响分析

	（1）	（2）	（3）	（4）	（5）
gvc	−0.3482***			−0.5285***	−0.1561
	（−3.814）			（−5.361）	（−1.029）
gvc_forward		−0.3135**			
		（−2.529）			
gvc_backward			−0.4463***		
			（−3.059）		
控制变量	是	是	是	是	是
行业 FE	是	是	是	是	是
年份 FE	是	是	是	是	是
N	705	705	705	270	375
adj. R^2	0.907	0.906	0.906	0.864	0.874

注：括号内的值为系数的 t 统计量，***、** 和 * 分别表示在 1%、5% 和 10% 水平上显著。

接着，本书仍然以跨国数据为样本，考察全球价值链参与度对劳动收入份额是否存在非线性影响，即在模型（6.8）中加入全球价值链参与度的平方项，回归结果在表 6.12 中报告。由回归结果可知，GVC参与度、GVC 前向参与度、GVC 后向参与度对劳动收入份额的影响均为倒 U 形，拐点位置分别是：0.487、0.210 以及 0.368。在拐点之前，参与 GVC 会对劳动收入份额产生正的促进作用，而越过拐点后 GVC对劳动收入份额的影响转正为负，这表明参与 GVC 对劳动收入份额的影响随着参与度的提升边际递减。因此，可以认为中国样本大多位于拐点的右侧部分，即参与全球价值链程度较高。

表 6.12　GVC 参与度对劳动收入份额影响的非线性分析

	（1）	（2）	（3）
gvc	0.1310***		
	（7.097）		
gvcsq	−0.1344***		
	（−7.736）		
gvc_forward		0.1423***	
		（6.288）	
gvc_forward_sq		−0.3388***	
		（−9.937）	
gvc_backward			0.3854***
			（12.826）
gvc_backward_sq			−0.5235***
			（−9.690）
控制变量	是	是	是
国家—行业 FE	是	是	是
年份 FE	是	是	是
N	29055	29055	29055
adj. R^2	0.485	0.487	0.488

注：括号内的值为系数的 t 统计量，***、** 和 * 分别表示在 1%、5% 和 10% 水平上显著。

第七节　本章小结

本章基于 WIOD 数据库刻画了 2000—2014 年间世界上 44 个主要国家（地区）、56 个部门的全球价值链参与度和劳动收入份额，并实证研究了全球价值链参与度对劳动收入份额的影响。经验研究的主要结论包括：第一，整体而言，全球价值链参与度提高对劳动收入份额有显著提升作用。第二，在价值链的参与方式中，GVC 前向参与对劳动收入份额有显著的负向影响，GVC 后向参与对劳动收入份额有显著的正向影响。第三，机制研究表明，制造业与服务业融合、进口竞争效应以及要素替代效应是全球价值链生产模式影响劳动收入份额的重要渠道。第四，异质性检验发现，在前向参与方式中，复杂 GVC 参与比简单 GVC 参与对劳动收入份额的负向影响更显著，而后向参与中简单 GVC 与复杂 GVC 参与方式未表现出显著差异；高收入国家与中等收入国家相比，GVC 参与对劳动收入份额的提升作用更明显；服务业参与 GVC 对劳动收入份额的正向影响程度大于制造业参与 GVC 产生的效应。

改善劳动收入份额是关乎国计民生的大事，也是提升一国经济发展质量的重点内容。近年来，收入分配不均已成为部分国家推行逆全球化潮流的重要原因，其中劳动收入份额的高低直接体现了"人"获得的福利，较高的劳动收入份额往往也会伴随着较低的收入差距和更高的包容性发展。面对全球化过程中存在的非包容性问题，联合国《2030 年可持续发展议程》从全球视角为人类社会制定了包容性增长目标。可以说，经济增长的全球包容性已经成为影响全球化可持续发展的关键因素。本书的研究结论在一定程度上验证了积极参与全球价值链对提升劳动份额的促进作用，对机制的检验也为提升劳动收入份额提供了可行路径。因此，注重推动制造业与服务业融合发展，提升对外开放水平促进资源高效配置，推动人力资本提升，将有助于通过开放促进国内劳动收入份额提升。

第七章 结论与展望

本书基于全球与中国数据，从宏观、中观、微观三个层面考察了全球价值链分工对收入分配的影响。本章将对前面几章的研究做出简要总结，并在此基础上提出相应的政策建议以及对未来研究做进一步展望。

第一节 研究结论与政策启示

7.1.1 研究结论

1. 基于 Eora MRIO 数据库中 189 个国家样本的跨国面板数据，通过研究全球价值链分工对国家间收入差距的影响，本书发现：首先，一国参与全球价值链分工会对其收入水平有显著的正向促进作用。其次，不同国家参与全球价值链分工为其带来的收入水平变化不尽一致，与发达国家相比，发展中国家参与全球价值链分工会获得更高的收入水平，进而缩小了国家间收入的差距。在稳健性分析与内生性分析后，本书的结论依然稳健。最后，从影响机制看，技术进步是一国参与全球价值链分工影响其收入水平的重要渠道；各国积极参与全球价值链分工会降低国家间技术水平差异，进而降低国家间收入水平差异。

2. 基于 Eora MRIO、WIOD 数据库中的跨国面板数据，通过研究全球价值链分工对国内收入差距的影响，本书发现：首先，全球价值链分工对国内收入差距产生显著的正向影响。其次，全球价值链分工影响国内收入差距的主要渠道有市场规模效应、促竞争效应以及学习效应。异质性分析结论表明，与发展中国家相比，发达国家参与全球价值链对国内收入不平等的影响程度更大。最后，从国内收入差距影响因素的分析来看，全球价值链分工虽然会对一国收入差距产生影响，但其贡献度仅约 10%，而国内制度因素、人力资本建设以及有偏技术进步是影响国内收入不平等更重要的因素。

3. 基于中国微观企业数据，通过研究中国企业嵌入全球价值链对企业内技能溢价的影响，本书发现：首先，企业嵌入全球价值链对技能溢价的影响呈倒 U 形。其次，嵌入全球价值链对不同类型企业的影响具有异质性。价值链嵌入对技能溢价的倒 U 形影响在外资企业、东部地区企业样本中依然显著，在国有企业、民营企业以及中西部地区企业样本中显著性较差。再次，影响机制检验发现，价值链嵌入对技能结构和利润率的倒 U 形影响是企业嵌入全球价值链影响技能溢价的两个可能渠道。最后，市场分割以及最低工资制度会强化企业嵌入全球价值链引起的收入不平等效应。

4. 基于跨国跨行业面板数据，通过研究全球价值链分工对劳动收入份额的影响，本书发现：首先，整体而言，参与全球价值链对劳动收入份额有显著提升作用。其次，GVC 前向参与度对劳动收入份额有显著的负向影响，而后向参与度对劳动收入份额有显著的正向影响。再次，机制研究表明，制造业与服务业融合、进口竞争效应以及要素替代效应是 GVC 影响劳动收入份额的重要渠道。在前向参与方式中，复杂 GVC 参与比简单 GVC 参与对劳动收入份额的负向影响更大，而后向参与中复杂 GVC 与简单 GVC 参与方式未表现出显著差异。相较于中低收入国家，高收入国家 GVC 参与度对劳动收入份额的提升作用更显著；服务业参与 GVC 对劳动收入份额的正向影响程度大于制造业参与 GVC 产生的效应。最后，就中国样本与跨国样本的比较研究可知，中国参与全球价值链程度较高，但对劳动收入份额提升程度较低，建议积极推动中国制造业与服务业的融合，促进制造业高质量发展的同时提升劳动收入份额。

7.1.2 政策启示

综合本书的理论与实证结果，可以得到如下政策启示：

第一，碎片化生产模式在串联全球各国的同时，为各国提供了技术溢出与传播的渠道，在提高各国收入水平的同时降低了国家间收入差距，对于推动包容、共赢、共享、互利的全球经济发展以及人类命运共同体构建起到积极的作用。为此，依据第三章的研究结论可以得出的政策启示包括：（1）通过建设更高水平开放型经济新体制，推动"一带一路"高质量发展，积极参与全球价值链分工，将对我国提高技术水平以及收入水平起到积极作用，为"双循环"发展赋予动能。（2）积极参与全球价值链将会对降低国家间收入差距起到积极作用。我国应逐步实现技术水平的提升，完成从全球价值链参与者到全球价值链主导者角色的转变，为降低国家间收入不平等贡献力量。（3）在新的全球治理体系与国际经贸规则中应注重对技术的保护，只有更为安全的知识产权保护制度才能促使技术研发的主体将产品投放于国际市场，促进全球价值链的更高质量发展。

第二，在全球化前景扑朔迷离的背景下，揭开收入分配恶化成因的面纱十分重要。依据第四章的研究可以得出的政策启示包括：（1）一国政府制定合理的利益分享政策，可以避免收入差距带来的问题，放大全球化的红利。（2）依据国内收入差距影响因素的贡献度分析，可以得知，有偏技术进步、人力资本、合理的税收政策与政府职能是比全球价值链更为重要的影响收入分配的因素。因此，一国优化国内收入分配应着重从以上视角考虑，找到抓手。（3）中国作为正在崛起的发展中国家，正处于"双循环"发展格局下，对经济的高质量发展提出了新要求。中国制造业部门在参与全球价值链分工的过程中应在主动发挥国内政策优势、优化当地环境、吸收全球化红利的同时尽量避免收入分配恶化问题。（4）在未来的全球治理中，国际组织应加强知识产权保护，对劳工标准等一系列"边境后措施"的标准进行统一，提出解决矛盾与冲突的合理机制，完善全球化治理规则。

第三，中国企业在通过积极参与全球价值链，注重效率发展的同时，也要关注不平衡发展的问题。技能劳动偏向型技术进步会引起劳动力市场对技能劳动相对需求的增加，引起"好的不平等"；垄断势力引起的超额利润获得会提升技能劳动的议价能力，引起"坏的不平等"。所以，在应对全球化引起的不平衡发展问题时，要注意区别两种不平等的来源。依据第五章的研究可以得出的政策启示包括：（1）缓解"好的不平等"可以从要素供给的角度提出建议，通过加强教育以及培训投入，增加人力资本以及技能劳动，可以降低有偏技术进步带来的技能溢价。（2）缓解"坏的不平等"则可以从市场体制完善视角提出建议，例如打破行业垄断、有效削弱市场进入壁垒以及加快清理妨碍市场一体化和公平竞争的规定，促进市场经济发挥资源配置的决定性作用可以弱化全球价值链嵌入引起的收入不平等效应。

第四，一国特定部门参与全球价值链分工会对劳动收入份额提升产生积极作用。一方面，参与全球价值链分工时注重推动制造业与服务业的融合，不仅有利于制造业的高质量发展，也有利于劳动收入份额的提升；另一方面，积极参与全球价值链会通过促进行业的全球竞争，提升劳动收入份额。充分发挥全球价值链的以上两种效应将有助于克服因要素替代效应引起的劳动收入份额降低。我国的全球价值链参与度较高，建议积极推动中国制造业与服务业的融合，进一步推动人力资本提升，在促进制造业高质量发展的同时提升劳动收入份额。

第二节 研究不足与展望

本书从全球化视角考察了全球价值链对收入分配的影响，在一定程度上丰富了该领域的理论与实证研究。但是无论是全球价值链分工还是收入分配都包含十分复杂的内容，本书还存在一系列值得完善和进一步拓展的空间，具体来说，未来的研究可以从以下方面进一步拓展：

第一，从研究问题来看，收入分配的概念十分广泛，出于篇幅所限，本书仅选取了众多主题中具有代表性的四个主题进行探讨，沿着本书的研究思路，可以按照研究主体的层次进行挖掘。例如，将国内收入不平等分解为国内地区间不平等与地区内不平等，考察全球价值链分工对区域经济发展的差异性影响；将国内收入不平等分解为行业内与行业间不平等，考察全球价值链分工对国内产业不均衡的影响；

考察全球价值链分工对国内不同性别要素收入差异的影响等。对这些收入分配问题的研究将有助于我们全面认识和理解全球价值链的收入分配效应。

第二，就政策效果分析而言，本书的研究仍有较大拓展空间。本书重点探讨了全球价值链分工对收入分配产生的影响及其作用机制，并在此基础上提出可以降低收入差距、提高劳动收入份额的政策建议。但对其政策效果分析的研究也具有重要意义，对这一问题的研究将有助于完善本研究内容，使用数值模拟对政策效果进行分析将是本研究未来的拓展方向之一。

第三，限于数据的可获得性，本书在部分章节中使用的样本还不够全面。例如在第五章的研究中，对企业样本的考察仅包含制造业企业，随着服务业在经济中逐步发挥重要的角色，使用服务业样本考察同一主题可能有不同的机制与结论，这也值得未来进一步研究。

参考文献

［1］白重恩，钱震杰. 劳动收入份额决定因素：来自中国省际面板数据的证据 [J]. 世界经济，2010，33（12）：3-27.

［2］曹婧，毛捷. 美国减税对中国经济的影响——基于跨国数据的实证研究 [J]. 国际贸易问题，2019（02）：100-112.

［3］钞小静，廉园梅. 劳动收入份额与中国经济增长质量 [J]. 经济学动态，2019（09）：66-81.

［4］陈波，贺超群. 出口与工资差距：基于我国工业企业的理论与实证分析 [J]. 管理世界，2013（08）：6-15+40+187.

［5］陈登科，陈诗一. 资本劳动相对价格、替代弹性与劳动收入份额 [J]. 世界经济，2018，41（12）：73-97.

［6］陈宇峰，贵斌威，陈启清. 技术偏向与中国劳动收入份额的再考察 [J]. 经济研究，2013，48（06）：113-126.

［7］戴觅，余淼杰，Madhura Maitra. 中国出口企业生产率之谜：加工贸易的作用 [J]. 经济学（季刊），2014，13（02）：675-698.

［8］戴觅，张轶凡，黄炜. 贸易自由化如何影响中国区域劳动力市场？ [J]. 管理世界，2019，35（06）：56-69.

［9］董直庆，蔡啸，王林辉. 技能溢价：基于技术进步方向的解释 [J]. 中国社会科学，2014（10）：22-40+205-206.

［10］樊海潮，胡冬敏. 工资制度变化与员工效用 [J]. 经济学（季刊），2022，22（02）：549-568.

［11］高翔，龙小宁，杨广亮. 交通基础设施与服务业发展——来自县级高速公路和第二次经济普查企业数据的证据 [J]. 管理世界，2015（08）：81-96.

［12］高运胜，王云飞，蒙英华. 融入全球价值链扩大了发展中国家的工资差距吗？ [J]. 数量经济技术经济研究，2017，34（08）：38-54.

［13］耿伟，郝碧榕. 全球价值链嵌入位置与劳动收入差距——基于跨国跨行业下游度指标的研究 [J]. 国际贸易问题，2018（06）：54-67.

［14］龚刚，杨光. 从功能性收入看中国收入分配的不平等 [J]. 中国社会科学，2010（02）：54-68+221.

［15］郭凯明，罗敏. 有偏技术进步、产业结构转型与工资收入差距 [J]. 中国工业经济，2021（03）：26-43.

［16］郭凯明. 人工智能发展、产业结构转型升级与劳动收入份额变动 [J]. 管理世界，2019，35（07）：60-77+202-203.

［17］黄先海，徐圣. 中国劳动收入比重下降成因分析——基于劳动节约型技术进步的视角 [J]. 经济研究，2009，44（07）：34-44.

［18］贾坤，申广军. 企业风险与劳动收入份额：来自中国工业部门的证据 [J]. 经济研究，2016，51（05）：116-129.

［19］江艇. 因果推断经验研究中的中介效应与调节效应 [J]. 中国工业经济，2022（05）：100-120.

［20］江小涓，孟丽君. 内循环为主、外循环赋能与更高水平双循环——国际经验与中国实践 [J]. 管理世界，2021，37（01）：1-19.

［21］江小涓. 新中国对外开放70年：赋能增长与改革 [J]. 管理世界，2019，35（12）：1-16+103+214.

［22］蒋为，黄玖立. 国际生产分割、要素禀赋与劳动收入份额：理论与经验研究 [J]. 世界经济，2014，37（05）：28-50.

［23］鞠建东，余心玎，卢冰，李昕. 全球价值链网络中的"三足鼎立"格局分析 [J]. 经济学报，2020，7（04）：1-20.

［24］鞠建东，余心玎. 全球价值链上的中国角色——基于中国行业上游度

和海关数据的研究 [J]. 南开经济研究，2014（03）：39-52.

［25］李惠娟，蔡伟宏. 参与全球价值链分工提升了生产率和工资份额吗——来自服务业的证据 [J]. 广东财经大学学报，2016，31（05）：16-26.

［26］李建伟，王勇. 国家间收入差距演进轨迹与启示 [J]. 改革，2017（10）：81-94.

［27］李磊，盛斌，刘斌. 全球价值链参与对劳动力就业及其结构的影响 [J]. 国际贸易问题，2017（07）：27-37.

［28］李胜旗，毛其淋. 关税政策不确定性如何影响就业与工资 [J]. 世界经济，2018，41（06）：28-52.

［29］李小帆，马弘. 服务业 FDI 管制与出口国内增加值：来自跨国面板的证据 [J]. 世界经济，2019，42（05）：123-144.

［30］李旭超，罗德明，金祥荣. 资源错置与中国企业规模分布特征 [J]. 中国社会科学，2017（02）：25-43+205-206.

［31］林玲，容金霞. 参与全球价值链会拉大收入差距吗——基于各国后向参与度分析的视角 [J]. 国际贸易问题，2016（11）：65-75.

［32］刘斌，魏倩，吕越，祝坤福. 制造业服务化与价值链升级 [J]. 经济研究，2016，51（03）：151-162.

［33］刘灿雷，王永进，李宏兵. 出口产品质量分化与工资不平等——来自中国制造业的经验证据 [J]. 财贸经济，2018，39（01）：101-117.

［34］刘灿雷，王永进. 出口扩张与企业间工资差距：影响与机制 [J]. 世界经济，2019，42（12）：99-120.

［35］刘贯春，张军，陈登科. 最低工资、企业生产率与技能溢价 [J]. 统计研究，2017，34（01）：44-54.

［36］刘磊，谢申祥，步晓宁. 全球价值链嵌入能提高企业的成本加成吗？：基于中国微观数据的实证检验 [J]. 世界经济研究，2019（11）：122-133+136.

［37］刘啟仁，黄建忠. 产品创新如何影响企业加成率 [J]. 世界经济，2016，

39（11）：28-53.

[38] 刘胜，顾乃华，陈秀英. 全球价值链嵌入、要素禀赋结构与劳动收入占比——基于跨国数据的实证研究 [J]. 经济学家，2016（03）：96-104.

[39] 刘维林. 劳动要素的全球价值链分工地位变迁——基于报酬份额与嵌入深度的考察 [J]. 中国工业经济，2021（01）：76-94.

[40] 刘瑶. 参与全球价值链拉大了收入差距吗——基于跨国跨行业的面板分析 [J]. 国际贸易问题，2016（04）：27-39.

[41] 刘志彪，张少军. 中国地区差距及其纠偏：全球价值链和国内价值链的视角 [J]. 学术月刊，2008（05）：49-55.

[42] 卢晶亮. 资本积累与技能工资差距——来自中国的经验证据 [J]. 经济学（季刊），2017，16（02）：577-598.

[43] 罗长远，张军. 经济发展中的劳动收入占比：基于中国产业数据的实证研究 [J]. 中国社会科学，2009（04）：65-79+206.

[44] 罗知，万广华，张勋，李敬. 兼顾效率与公平的城镇化：理论模型与中国实证 [J]. 经济研究，2018，53（07）：89-105.

[45] 吕越，黄艳希，陈勇兵. 全球价值链嵌入的生产率效应：影响与机制分析 [J]. 世界经济，2017，40（07）：28-51.

[46] 吕云龙，吕越. 制造业出口服务化与国际竞争力——基于增加值贸易的视角 [J]. 国际贸易问题，2017（05）：25-34.

[47] 马丹，何雅兴，张婧怡. 技术差距、中间产品内向化与出口国内增加值份额变动 [J]. 中国工业经济，2019（09）：117-135.

[48] 毛其淋，许家云. 中国外向型 FDI 对企业职工工资报酬的影响：基于倾向得分匹配的经验分析 [J]. 国际贸易问题，2014（11）：121-131.

[49] 聂海峰，岳希明. 行业垄断对收入不平等影响程度的估计 [J]. 中国工业经济，2016（02）：5-20.

[50] 聂辉华，江艇，杨汝岱. 中国工业企业数据库的使用现状和潜在问题 [J]. 世界经济，2012，35（05）：142-158.

[51] 潘文卿，娄莹，李宏彬. 价值链贸易与经济周期的联动：国际规律及

中国经验 [J]. 经济研究，2015，50（11）：20-33.

[52] 浦美，克里斯托弗·詹克斯. 美国国内经济收入不平等现象的影响 [J]. 社会观察，2004（03）：42-43.

[53] 申广军，周广肃，贾珅. 市场力量与劳动收入份额：理论和来自中国工业部门的证据 [J]. 南开经济研究，2018（04）：120-136+157.

[54] 盛斌，郝碧榕. 企业规模、市场集中度与劳动收入份额 [J]. 产业经济研究，2021（01）：1-14.

[55] 盛斌，黎峰. 逆全球化：思潮、原因与反思 [J]. 中国经济问题，2020（02）：3-15.

[56] 盛斌，毛其淋. 贸易开放、国内市场一体化与中国省际经济增长：1985—2008 年 [J]. 世界经济，2011（11）：44-66.

[57] 盛斌，毛其淋. 贸易自由化、企业成长和规模分布 [J]. 世界经济，2015，38（02）：3-30.

[58] 盛斌，苏丹妮，邵朝对. 全球价值链、国内价值链与经济增长：替代还是互补 [J]. 世界经济，2020，43（04）：3-27.

[59] 史新杰，卫龙宝，方师乐，高叙文. 中国收入分配中的机会不平等 [J]. 管理世界，2018，34（03）：27-37.

[60] 苏丹妮，盛斌，邵朝对. 产业集聚与企业出口产品质量升级 [J]. 中国工业经济，2018（11）：117-135.

[61] 苏丹妮. 全球价值链嵌入如何影响中国企业环境绩效？ [J]. 南开经济研究，2020（05）：66-86.

[62] 苏庆义，高凌云. 全球价值链分工位置及其演进规律 [J]. 统计研究，2015，32（12）：38-45.

[63] 唐东波. 全球化与劳动收入占比：基于劳资议价能力的分析 [J]. 管理世界，2011（08）：23-33.

[64] 唐宜红，张鹏杨，梅冬州. 全球价值链嵌入与国际经济周期联动：基于增加值贸易视角 [J]. 世界经济，2018，41（11）：49-73.

[65] 唐宜红，张鹏杨. 全球价值链嵌入对贸易保护的抑制效应：基于经济

波动视角的研究 [J]. 中国社会科学，2020（07）：61-80+205.

[66] 托马斯·皮凯蒂. 不平等经济学 [M]. 中国人民大学出版社，1997.

[67] 万广华，胡晓珊. 新发展格局下的国内需求与创新：再论城镇化、市民化的重要性 [J]. 国际经济评论：2021（03）：1-14

[68] 万广华，张藕香，Mahvash Saeed Qureshi. 全球化与国家间的收入差距：来自 81 个国家面板数据的实证分析 [J]. 世界经济文汇，2008（02）：28-42+45+43-44.

[69] 万广华，朱美华. "逆全球化"：特征、起因与前瞻 [J]. 学术月刊，2020，52（07）：33-47.

[70] 万广华. 城镇化与不均等：分析方法和中国案例 [J]. 经济研究，2013，48（05）：73-86.

[71] 万江滔，魏下海. 最低工资规制对企业劳动收入份额的影响——理论分析与微观证据 [J]. 财经研究，2020，46（07）：64-78.

[72] 王舒鸿. 垂直专业化对我国制造业劳动收入份额变化的影响研究 [J]. 世界经济文汇，2012，（02）：28-42.

[73] 王直，魏尚进，祝坤福. 总贸易核算法：官方贸易统计与全球价值链的度量 [J]. 中国社会科学，2015（09）：108-127+205-206.

[74] 谢红军，吕雪. 负责任的国际投资：ESG 与中国 OFDI[J]. 经济研究，2022，57（03）：83-99.

[75] 徐舒. 技术进步、教育收益与收入不平等 [J]. 经济研究，2010，45（09）：79-92+108.

[76] 杨飞，范从来. 产业智能化是否有利于中国益贫式发展？ [J]. 经济研究，2020，55（05）：150-165.

[77] 杨飞. 市场化、技能偏向性技术进步与技能溢价 [J]. 世界经济，2017，40（02）：78-100.

[78] 姚洋，章奇. 中国工业企业技术效率分析 [J]. 经济研究，2001（10）：13-19+28-95.

[79] 余淼杰，刘亚琳. 垂直专业化分工与中国劳动收入份额研究 [R]. 北京

大学国家发展研究院工作论文，2017.

［80］余淼杰，梁中华. 贸易自由化与中国劳动收入份额——基于制造业贸易企业数据的实证分析 [J]. 管理世界，2014（07）：22–31.

［81］余淼杰，智琨. 进口自由化与企业利润率 [J]. 经济研究，2016，51（08）：57–71.

［82］袁媛，綦建红. 嵌入全球价值链对企业劳动收入份额的影响研究——基于前向生产链长度的测算 [J]. 产业经济研究，2019（05）：1–12+38.

［83］张杰，陈志远，刘元春. 中国出口国内附加值的测算与变化机制 [J]. 经济研究，2013，48（10）：124–137.

［84］张少军. 全球价值链降低了劳动收入份额吗——来自中国行业面板数据的实证研究 [J]. 经济学动态，2015（10）：39–48.

［85］张宇燕. 理解百年未有之大变局 [J]. 国际经济评论，2019（05）：9–19+4.

［86］章韬，孙楚仁. 贸易开放、生产率形态与企业规模 [J]. 世界经济，2012，35（08）：40–66.

［87］周立，王子明. 中国各地区金融发展与经济增长实证分析：1978—2000[J]. 金融研究，2002（10）：1–13.

［88］周茂，陆毅，李雨浓. 地区产业升级与劳动收入份额：基于合成工具变量的估计 [J]. 经济研究，2018，53（11）：132–147.

［89］周申，海鹏. 中间品贸易自由化与企业间工资差距 [J]. 财贸经济，2020，41（12）：147–162.

［90］Acemoglu D，Autor D. Skills，tasks and technologies：Implications for employment and earnings[M].Handbook of labor economics. Elsevier，2011，4：1043–1171.

［91］Acemoglu D. Why Do new technologies complement skills?Direct Technical Change and Wage Inequality[J].Quarterly Journal of Economics，1998，113（4）：1055–1089.

[92]Acemoglu D., James R. Why nations fail: Origins of Power, Poverty and Prosperity[M].New York: Crown Publisher, 2012.

[93]Ahn J. B., Khandelwal A. K., Wei S. J. The Role of Intermediaries in Facilitating Trade[J]. Journal of International Economics, 2011, 84（1）: 73-85.

[94]Alesina A., Angeletos G. M. Fairness and Redistribution[J]. American Economic Review, 2005, 95（4）: 960-980.

[95]Alvarez J., Benguria F., Engbom N., et al. Firms and the decline in earnings inequality in brazil[J]. American Economic Journal: Macroeconomics, 2018, 10（1）: 149-89.

[96]Antras P., Chor D., Fally T.. Measuring the Upstreamness of Production and Trade Flows[J]. American Economic Review, 2012, 102（3）: 412-416.

[97]Antras P., Chor D.. Organizing the global value chain[J]. Econometrica, 2012, 81（6）: 2127-2204.

[98]Antràs P., Gortari A. D. On the Geography of Global Value Chains[J]. Econometrica, 2020, 88.

[99]Anwar S., Sun S. Trade Liberalization Market Competition and Wage Inequality in China's Manufacturing Sector[J]. Economic Modelling, 2012, 29（4）: 1268-1277.

[100]Autor D H., Dorn D., Hanson G. H. Untangling trade and technology: Evidence from local labour markets[J]. The Economic Journal, 2015, 125（584）: 621-646.

[101]Autor D., Dorn D., Hanson G. H. The China syndrome: Local labor market effects of import competition in the US[J]. American Economic Review, 2013, 103（6）: 2121-68.

[102]Autor D., Dorn D., Katz L. F., et al. The fall of the labor share and the rise of superstar firms[J]. The Quarterly Journal of Economics, 2020, 135

（2）：645-709.

[103] Barth, Erling, And Harald Dale-Olsen. "employer size or skill group size effect on wages?" Industrial and Labor Relations Review 64, no. 2 (2011): 341-55. Accessed March 25, 2021.

[104] Baumgarten D, Geishecker I, Görg H. Offshoring, tasks, and the skill-wage pattern[J]. European Economic Review, 2013, 61: 132-152.

[105] Beaulieu E, Dehejia V H, Zakhilwal H O. International trade, labor turnover, and the wage premium[J]. Trade, Globalization and Poverty, 2007, 10: 62.

[106] Bernard, A. Jensen, J.B. Exceptional Exporter Performance: Cause, Effect, or Both? Journal of International Economics, 1999.47（1）, 1-25.

[107] Borjas G J, Ramey V A. Foreign Competition, Market Power, and Wage Inequality[J]. Quarterly Journal of Economics, 1995, 110（4）: 1075-1110.

[108] Bourguignon, François and Christian Morrisson. 2002. "Inequality Among World Citizens: 1820-1992 ." American Economic Review, 92（4）: 727-744.

[109] Brandt L, Van Biesebroeck J, Zhang Y. Creative Accounting or Creative Destruction? Firm-Level Productivity Growth in Chinese Manufacturing[J]. Journal of Development Economics, 2012, 97（2）: 339-351.

[110] Brown, Charles, and James L Medoff. 1989. "The Employer Size-Wage Effect." Journal of Political Economy 97（5）: 1027‑59.

[111] Burstein A, Vogel J. Globalization, technology, and the skill premium: A quantitative analysis[R]. National Bureau of Economic Research, 2010.

[112] Bustos P. Trade Liberalization, Exports and Technology Upgrading: Evidence on the Impact of MERCOSUR on Argentinian Firms[J]. American Economic Review, 2011, 101（1）: 304-40.

［113］Chen B, Yu M, Yu, Z. Measured Skill Premia and Input Trade Liberalization: Evidence from Chinese Firms[J]. Journal of International Economics, 2017, 109: 31-42.

［114］Cheng H, Li H, Zhou H W L. Firm-Size Effect on Wages: Evidence from China's Competitive Labor Market[R]. Working Paper, 2019.

［115］Cobham, A., Schlogl, L., and Sumner, A. Inequality and the Tails: The Palma Proposition and Ratio Revisited, [R] Department of Economic and Social Affairs Working Paper , 2015, 143.

［116］Cosar A K, Guner N, Tybout J. Firm Dynamics, Job Turnover, and Wage Distributions in An Open Economy[J]. American Economic Review, 2016, 106（3）: 625-63.

［117］Costinot A, Vogel J, WANG S. Global Supply Chains and Wage Inequality[J]. American Economic Review, 2012, 102（3）: 396-401.

［118］David H, Dorn D, Hanson G H. The China syndrome: Local labor market effects of import competition in the United States[J]. American Economic Review, 2013, 103（6）: 2121-68.

［119］Davidson C, Matusz S. J. And Shevchenko A. Globalization and firm level adjustment with imperfect labor markets[J]. Journal of International Economics, 2008, 75（2）: 295-309.

［120］Davis D R, Harrigan J. Good Jobs, Bad Jobs, and Trade Liberalization[J]. Journal of International Economics, 2011, 84（1）: 26-36.

［121］De Loecker J, Warzynski F. Markups and firm-level export status[J]. American economic review, 2012, 102（6）: 2437-71.

［122］De Marchi V, Giuliani E, Rabellotti R. Do global value chains offer developing countries learning and innovation opportunities?[J]. The European Journal of Development Research, 2018, 30（3）: 389-407.

［123］Ductor, L., Grechyna, D., Financial development, real sector, and economic growth. International Review of Economics & Finance, 2015,

37: 393-405.

[124] Eaton, J., Kortum, S. Technology, geography, and trade. Econome trica, 2002, 70 (5), 1741-1779.

[125] EC Y Ng. "Production fragmentation and business-cycle comovement." Journal of International Economics 82.1, 2010, : 1-14.

[126] Egger H, Kreickemeier U. Firm Heterogeneity and the Labor Market Effects of Trade Liberalization[J]. International Economic Review, 2009, 50 (1): 187-216.

[127] Fally T. On the Fragmentation of Production in the US. University of Colorado, 2011, mimeo.

[128] Feder G. On exports and economic growth[J]. Journal of development economics, 1983, 12 (1-2): 59-73.

[129] Feenstra R C, Hanson G H. The Impact of Outsourcing and High-Technology Capital on Wages: Estimates for the United States, 1979 - 1990[J]. Quarterly Journal of Economics, 1999, 114 (3): 907-940.

[130] Feenstra R C, Hanson G H Globalization, Outsourcing, and Wage Inequality[J]. American Economic Review, 1996, 86 (2): 240-245.

[131] Francoise, L. Deniz, U.K. Assembly Trade and Technology Transfer: The case of China, Word Development, 2005, 32 (5), 829-850.

[132] Freeman, Richard B. "Are Your Wages Set in Beijing?" The Journal of Economic Perspectives, vol. 9, no. 3, 1995, pp. 15 - 32.

[133] Giovanni J, Levchenko A A. Trade openness and volatility[J]. The Review of Economics and Statistics, 2009, 91 (3): 558-585.

[134] Gonzalez J L, Kowalski P, Achard P. Trade, Global Value Chains and Wage-income Inequality[R], OECD Working Paper, 2015.

[135] Greenwood, Robin, and David Scharfstein. "The growth of finance." Journal of Economic Perspectives, 2013, 27 (2): 3-28.

[136] Grossman G M, Rossi-Hansberg E. Trading tasks: A Simple Theory of

Offshoring[J]. American Economic Review, 2008, 98（5）: 1978-97.

[137] Harrison A. Has Globalization Eroded Labor's Share? Some Cross-Country Evidence[R]. University Library of Munich, Germany, 2005.

[138] Helpman E, Itskhoki O, Muendler M, Redding S. Wage Inequality and Trade: Evidence from Brazil[J]. Unpublished manuscript, Princeton University, 2011.

[139] Helpman E, Itskhoki O. Labour Market Rigidities, Trade and Unemployment[J]. Review of Economic Studies, 2010, 77（3）: 1100-1137.

[140] Helpman E. Globalization and Wage Inequality[R]. NBER Working Paper No.22944, 2016.

[141] Hummels D L, Ishii J, Yi K, et al. The nature and growth of vertical specialization in world trade[J]. Journal of International Economics, 2001, 54（1）: 75-96.

[142] Hummels D, Jorgensen R, Munch J, et al. The wage and employment effects of outsourcing: Evidence from Danish matched worker-firm data[J]. Work. Pap., Purdue Univ, 2010.

[143] Hummels D, Jorgensen R, Munch J. The Wage Effects of Offshoring: Evidence from Danish Matched Worker-Firm Data[J]. American Economic Review, 2014, 104（6）: 1597-1629.

[144] Jaumotte F, Lall S, Papageorgiou C. Rising income inequality: technology, or trade and financial globalization? [J]. IMF Economic Review, 2013, 61（2）: 271-309.

[145] Jaumotte F, Lall S, Papageorgiou C. Rising income inequality: technology, or trade and financial globalization? [J]. IMF Economic Review, 2013, 61（2）: 271-309.

[146] Karabarbounis, Loukas, and Brent Neiman. "The Global Decline Of The Labor Share." The Quarterly Journal of Economics, vol. 129, no. 1, 2014, pp. 61 - 104.

［147］Katz, Lawrence F., and Kevin M. Murphy. "Changes in relative wages, 1963–1987: supply and demand factors." The quarterly journal of economics, 1992, 107 (1): 35–78.

［148］Kee H L, Tang H. Domestic Value Added in Exports: Theory and Firm Evidence from China[J]. American Economic Review, 2015, 106 (6): 1–83.

［149］Kidder, M., D. Dollar, The effect of Production Fragmentation on skills reallocation: Is it felt equally across levels of development? , 2018, mimo.

［150］Koopman R, Powers W, Wang Z, et al. Give credit where credit is due: Tracing value added in global production chains[R]. National Bureau of Economic Research, 2010.

［151］Koopman R, Wang Z, Wei S J. Tracing value–added and double counting in gross exports[J]. American Economic Review, 2014, 104 (2): 459–94.

［152］Krugman, P. A model of Balance–of–Payments Crises[J]. Journal of Money, Credit and Banking, 1979, 11 (3): 311–325.

［153］Krusell, P., L.E. Ohanian, J.V. Rios–Rull, and G.L. Violante. Capital– Skill Complementarity and Inequality: A Macroeconomic Analysis[J]. Econometrica, 2000, 68 (5): 1029–1053.

［154］Leblebicioğlu A, Weinberger A. Openness and factor shares: Is globalization always bad for labor?[J]. Journal of International Economics, 2021, 128: 103406.

［155］Lee E, Yi K. Global Value Chains and Inequality with Endogenous Labor Supply[J]. Journal of International Economics, 2018, 115: 223–241.

［156］Lewbel A. Constructing instruments for regressions with measurement error when no additional data are available, with an application to patents and R&D [J]. Econometrica, 1997, 65 (5): 1201–1213.

[157]Los B, Timmer M P, de Vries G J. How important are exports for job growth in China? A demand side analysis[J]. Journal of Comparative Economics, 2015, 43（1）: 19−32.

[158]Ma L, Ruzic D. Globalization and top income shares[J]. Journal of International Economics, 2020, 125: 103312.

[159]Melitz M J. The Impact of Trade on Intra - industry Reallocations and Aggregate Industry Productivity[J]. Econometrica, 2003, 71（6）: 1695−1725.

[160]Shorrocks, F. Inequality Decomposition By Factor Components[J]. Econometrica, 1982, 50（1）: 193−211.

[161]Solt F. Measuring income inequality across countries and over time: The standardized world income inequality database[J]. Social Science Quarterly, 2020, 101（3）: 1183−1199.

[162]Solt, Frederick. "The standardized world income inequality database, Version 8." Cambridge: Harvard Dataverse（2019）.

[163]Song J, Price D J, Guvenen F, et al. Firming up inequality[J]. The Quarterly journal of economics, 2019, 134（1）: 1−50.

[164]Timmer M P, Erumban A A, Los B, et al. Slicing up global value chains[J]. The Journal of Economic Perspectives, 2014, 28（2）: 99−118.

[165]Timmer M P, Los B, Stehrer R. Fragmentation, Incomes and Jobs: An Analysis of European Competitiveness[J]. Economic Policy, 2013, 28（76）: 613−661.

[166]Upward R, Wang Z, Zheng J, et al. Weighing China's export basket: The domestic content and technology intensity of Chinese exports[J]. Journal of Comparative Economics, 2013, 41（2）: 527−543.

[167]Verhoogen E A. Trade, Quality Upgrading, and Wage Inequality in The Mexican Manufacturing Sector[J].Quarterly Journal of Economics, 2008, 123（2）: 489−530.

[168]Violante G L. Skill-biased technical change[J]. The new Palgrave dictionary of economics, 2008, 2: 1-6.

[169]Wade R. Is globalization making world income distribution more equal? [M]. DESTIN working paper, 2001.

[170]Wan, G. Accounting for Income Inequality in Rural China: A Regression Based Approach[J].Journal of Comparative Economics, 2004, 32 (2): 348-363.

[171]Wang Z, Wei S J, Yu X, et al. Characterizing global value chains: Production length and upstreamness[R]. National Bureau of Economic Research, 2017.

[172]Wang Z, Wei S J, Yu X, et al. Measures of participation in global value chains and global business cycles[R]. National Bureau of Economic Research, 2017.

[173]Wang Z, Wei S J, Zhu K. Quantifying international production sharing at the bilateral and sector levels[R]. National Bureau of Economic Research, 2013.

[174]WTO. Technological innovation, supply chain trade, and workers in a globalized world[R], Global Value Chain Development Report, 2019.

[175]Yeaple S R. A Simple Model of Firm Heterogeneity, International Trade, and Wages[J]. Journal of International Economics, 2005, 65 (1): 1-20.

[176]Yu M. Processing Trade, Tariff Reductions and Firm Productivity: Evidence From Chinese firms[J]. The Economic Journal, 2015, 125 (585): 943-988.

[177]Zhu S C, Trefler D. Trade and Inequality in Developing Countries: A General Equilibrium Analysis[J]. Journal of International Economics, 2005, 65 (1): 21-48.